POSTMODERNER HORROR

NARZISSMUS IM WERK STEPHEN KINGS

Insa Lang

Bibliografische Information der Deutschen Nationalbibliothek
Die Deutsche Nationalbibliothek verzeichnet diese Publikation in der Deutschen Nationalbibliografie; detaillierte bibliografische Daten sind im Internet über dnb.dnb.de abrufbar.

Verlag: BoD · Books on Demand GmbH, In de Tarpen 42, 22848 Norderstedt

Druck: Libri Plureos GmbH, Friedensallee 273, 22763 Hamburg

ISBN: 978-3-7597-7513-9

Inhalt

Aufgrund teils hoher Zitatdichte werden eigene
Hervorhebungen mit einzelnen Anführungszeichen
markiert, ebenso bereits zuvor Zitiertes.

1 DAS LEBEN UND DAS SCHREIBEN

KONTAKT
BEZIEHUNG ZUM SCHREIBEN
SELBSTVERORTUNG
HORROR

„Wenn Sie jemals gezittert haben zu einem fesselnden Stephen-King-Roman, können Sie nun herausfinden, wie er Ihre innersten Ängste heraufbeschwört – und wieso"[1]

Diese Fragen, zu Beginn der 1980er-Jahre nach Kings Erfolg im Nischengenre Horror oft gestellt, dienen entsprechend als Klappentext des 1982 erschienenen Sammelbands ANGST SELBST – DIE HORRORFIKTION STEPHEN KINGS.

Auf den folgenden Seiten wird ihnen ebenfalls nachgegangen, präsentiert aus Sicht des ‚Master of Horror' persönlich.

Dieser hat neben aktuell etwa sechzig Romanen und zehn Novellen- und Kurzgeschichtensammlungen auch zwei Sachbücher über Literatur veröffentlicht.

So entstand während seiner Dozentur für Kreatives Schreiben und Literatur an der University of Maine STEPHEN KING'S DANSE MACABRE, das 1981 herauskam und ein Jahr später mit zwei angesehenen Science-Fiction-Preisen ausgezeichnet wurde. DANSE MACABRE verbindet die Darstellung von Erlebnissen, die bereits früh Kings Verhältnis zum Schreiben ebenso wie das zum Horror prägten, mit einer des Genres selbst, in deren Rahmen er anhand der Besprechung einzelner Werke aus Radio, Fernsehen, Kino und Literatur zwischen 1950 und 1980 die Wirkung und Funktion von Horrorfiktion thematisiert.

In DAS LEBEN UND DAS SCHREIBEN (englischer Titel: *ON WRITING*) aus dem Jahr 2000 erzählt King ebenfalls von Situationen aus Kindheit und Jugend, die für ihn in Zusammenhang stehen mit ersten und weiteren Schritten hin zum Schreiben, verknüpft mit schriftstellerischen Ratschlägen auf Grundlage des eigenen Vorgehens.

Zudem bringt er regelmäßig in Vor- und Nachworten Gedanken zu seinen Geschichten zum Ausdruck. In Verbindung mit Interviews, die über die Jahre hinweg geführt wurden, sind jene Texte Ausgangspunkt dieses Kapitels. Die in ihnen geäußerten Haltungen gelten tendenziell nach wie vor.

Es interessiert, was Literatur im Allgemeinen und Horror im Besonderen für King ausmacht. Er fragt, wodurch das Genre anziehend wirkt und ob diese Attraktion, wie oft unterstellt, tatsächlich krankhaft ist.

Zuletzt wird offenbar, welche für ihn auch positiven Aspekte ‚Horror‘ in sich birgt.

KONTAKT

Stephen King nennt das ländliche Maine seine Heimat, den nordöstlichsten Bundesstaat Neuenglands, wo er und sein Bruder David unter wirtschaftlich schwierigen Verhältnissen bei ihrer Mutter Ruth aufwuchsen.

Die erste Begegnung mit fiktionalem Horror ereignete

sich früh. Trotz Verbots lauschte er (*DANSE MACABRE* zufolge 1951, im Alter von vier Jahren) Hörspielen im Radio, etwa Ray Bradburys Science-Fiction-Drama *MARS IS HEAVEN!*, was verstörend, aber nicht abschreckend wirkte. Die Faszination weitete sich vielmehr aus, auf Horror-, *Suspense-* und Kriegs-Comics (‚EC Comics‘), B-Horror-Filme aus den Fünfzigerjahren und eine auf dem Dachboden gefundene Sammlung von Grusel- und Horrorautoren, unter ihnen auch Howard Phillips Lovecraft – Letztere hatten bereits dadurch Bedeutung für ihn, dass es sich um Hinterlassenschaften des Vaters handelte, der in Kings früher Kindheit in Nacht und Nebel verschwunden war.

Als nachhaltigen Einfluss auf seine Vorstellungswelt sieht er, streng methodistisch erzogen, auch – die Bibel. Die in ihr enthaltenen Geschichten erschreckten ihn zu Tode, und gleichzeitig liebte er sie; die Darstellungen von Hölle und Fegefeuer seien die „besten je geschriebenen Horrorstorys"[2].

Umzüge, längere Krankheit, Unsportlichkeit und seltsames Aussehen bescherten Stephen King als Kind und Jugendlichem ein Dasein als Außenseiter, wenn auch nicht unbeliebt oder ohne Freunde. Allein verbrachte Zeit verwendete er zum Lesen, durch Ermunterung zu Hause vermehrt mit Schreiben und zuletzt damit, die selbst geschriebenen Geschichten auch vorzulesen.

Die dunkle Seite der Neugier, die sein Werk bestimmt, personifizierte sich zu jener Zeit in dem Serienmörder Charles Starkweather, der Ende der 1950er-Jahre verhaftet und hingerichtet wurde und eine starke Wirkung auf den damals Elfjährigen hatte: „Ich wollte das Unaussprechliche entschlüsseln, so wie Leute versuchen, Auschwitz oder Jonestown zu verstehen."[3]

Der reale ‚Horror' in Kindheit, Jugend und frühem Erwachsenenleben Stephen Kings entspricht dem im Alltag vieler Menschen.

Unter anderem, weil Donald King die Familie verließ und seine Frau dessen Schulden abarbeiten musste, sah sich die Familie beständiger, wie King betont: lediglich materieller, Armut ausgesetzt. Er litt als Jugendlicher unter seiner Andersartigkeit oder Reaktionen darauf, hatte mit (unterdrückten) Aggressionen zu kämpfen und fühlte sich nicht selten unglücklich und allein.

Das Studium an der University of Maine beendete er 1970 im Alter von dreiundzwanzig als Englischlehrer, bis zum ersten finanziellen Erfolg mit dem Romandebüt CARRIE im Jahr 1974 lebte er gemeinsam mit seiner Frau Tabitha und zwei kleinen Kindern im Wohntrailer. Es gelang ihm derzeit kaum, die Familie mit Lehrergehalt, gelegentlichen Veröffentlichungen von Kurzgeschichten und einem Ferienjob in der Reinigung durchzubringen – diese Zeit war geprägt von Existenzängsten, darunter die Angst, es nicht als veröffentlichender Autor zu schaffen, von Alkoholmissbrauch und allgegenwärtiger Armut.

Viele der sozio- und popkulturellen Einflüsse aus seiner Jugend spiegeln sich in den Büchern; so ist etwa der alltägliche ‚Horror' von Einsamkeit, Ängsten des Heranwachsens und existenziellen Nöten wiederkehrend Hintergrund der Geschichten.

In DAS LEBEN UND DAS SCHREIBEN konstatiert King, seine Romane wären lediglich unwesentlich anspruchsvollere Versionen seiner ersten, 1965 in einem Comic-Fanzine abgedruckten Geschichte *I WAS A TEENAGE GRAVEROBBER* (erschienen unter dem Titel *IN A HALF-WORLD OF TERROR*).

Auch wenn diese Äußerung dem Werk vielleicht nicht ganz gerecht wird, zeigt sie doch, wie deutlich King selbst sein Schaffen beeinflusst sieht von den Prägungen aus Kindheit und Jugend. Die Bildlichkeit, Ironie und selbstbezüglichen Anspielungen der EC Comics treten dabei ebenso in den Geschichten zutage wie die offen zugegebene Liebe zum Trash-Horrorfilm, apokalyptische Erwartungen aus Bibelgeschichten und Lovecrafts kosmischer Horror[4].

Und neben dem Einfluss weiterer schriftstellerischer Vorbilder, etwa Shirley Jackson, John D. MacDonald, Richard Matheson oder Ray Bradbury, hat womöglich noch vor allem anderen die Bewunderung für seinen Onkel Clayt, der offenbar gerne mal ein Garn spann und nie seinen „kindlichen Sinn für das Wunder"[5] verlor, ihren Weg in Kings internes Kreativreservoir und Nachklang in seinem Romankosmos gefunden.

BEZIEHUNG ZUM SCHREIBEN

King, der mit seinem Durchbruch nahezu über Nacht langjähriger Armut entkam, verfügt heute über ein Vermögen von geschätzten fünfhundert Millionen Dollar.

Dass seine Romane wie vorprogrammiert zu Bestsellern werden, scheint auf ein gewisses Erfolgsrezept hinzuweisen, mit dem ebendieser wirtschaftliche Erfolg absichtlich erzielt werde. Er fühlt sich zudem wiederkehrend dem Horrorgenre verbunden, was ihn im Zuge dessen unterstellter Minderwertigkeit und der daraus folgenden Einordnung als kommerzielles Genre umso mehr dem Verdacht aussetzt, aus niederen vielmehr als aus ‚seriösen' Absichten zu schreiben.

Vielleicht unter anderem, um solchen Unterstellungen zu begegnen, thematisiert Stephen King seine persönliche Beziehung zum Schreiben, präsentiert sich nicht nur als Autor, sondern damit verknüpft auch als Mensch, um zu zeigen, dass beides für ihn untrennbar verbunden ist.

In diesem Kontext äußert er sich mehrfach dazu, dass seine Motivation zum Schreiben nichts zu tun habe mit dem Anliegen, damit ausschließlich Geld verdienen zu wollen. Seinen Schreibdrang in Verbindung mit der Liebe zum Makabren bezeichnet er als Besessenheit, die sich in seinem Fall nun mal gut vermarkten lasse.

Er befindet, der Status des Bestsellerautors als scheinbarer Gegenentwurf zum Dasein des ‚seriösen Schriftstellers‘ sollte in dieser Ausschließlichkeit nicht bestehen, sieht den Graben zwischen Populär- und Hochliteratur als unangemessen[6].

Entsprechend reflektiert er den scheinbaren Widerspruch zwischen ‚seriösem Schreiben‘ und dem Adressieren eines Massenpublikums auch in den Romanen: etwa in *MISERY* (1987) oder *STARK – THE DARK HALF* (1989). Die in ihnen auftretenden Hauptfiguren sind Schriftsteller und verdanken ihren Erfolg jeweils dem Genre, das sie bedienen – Thad Beaumont schreibt unter Pseudonym Sex-and-Crime-Bestseller und Paul Sheldon ist Verfasser der romantischen Abenteuer seiner Heldin Misery. Beaumont wie Sheldon wünschen sich eine Karriere mit ihren ‚eigenen‘ Werken, was die Handlungen der Romane jeweils als Motiv bestimmt.

King spricht sämtliche Dimensionen seines Schreibens an und damit auch die Funktionen, die es für ihn auf tieferer persönlicher Ebene hat. So schildert er etwa, wie er wie durch ein „Loch in der Realität"[7] verschwinden und sich für eine Zeit lang dort zurückziehen könne.

Seinen Leser/inne/n ebenfalls diesen Raum zu eröffnen, wenn ihnen der Alltag zu viel wird, erfülle ihn zusätzlich mit Befriedigung; in diese spielt hinein, ein Gefühl von Macht zu genießen, das daraus entstehe, andere zu erschrecken.

Zugleich wirke, frei nach Ruth King, das Imaginieren fiktionalen Horrors wie ein psychologischer Schutz gegen die eigenen Ängste – „‚wenn du das Schlimmste denkst, kann es nicht wahr werden [...]'"[8].

Schreibend therapiert er sich selbst – „die ganzen gewaltvollen Energien, die ich habe – und da sind eine Menge –, kann ich auskotzen aufs Papier"[9].

So verarbeitete King auch im kreativen Prozess des Romans *SHINING* (1977) aggressives Verhalten gegenüber den eigenen Kindern in der Darstellung der brutalen Behandlung von Frau und Sohn des zu Gewalt und Alkoholmissbrauch neigenden Schriftstellers Jack Torrance.

Im Kapitel ‚Werkzeugkasten' in DAS LEBEN UND DAS SCHREIBEN führt er aus, welche konzeptionellen Gedanken seine Texte bestimmen und welche Schreibtechniken er anwendet.

Während den meisten Kritikern literarischer Stil wichtiger sei als die Handlung, erklärt er selbst die Geschichte als solche zum zentralen Moment des Erzählens. Die Story, viel eher als alle anderen Aspekte, „*definiert* Literatur"[10], sie wird, „Gott sei Dank, ab einem bestimmten Punkt unreduzierbar, mysteriös, unzugänglich gegen Analyse"[11].

Die Bedeutung von Geschichten liegt für King darin, dass

sie Sinn stiften können. Sie „legen nahe, dass es manchmal – nicht immer, aber manchmal – einen *Grund* gibt"[12].

Aufgabe des Schriftstellers sei es, die Story in sich zu kultivieren und durch Schreiben in Sprache zu übersetzen. Entsprechend folge er selbst eher seiner Intuition als einer vorher erdachten, festgelegten Handlung. Letztere lässt sich für ihn nicht verbinden mit der „Spontaneität wahrhaftigen Erschaffens"[13], schließlich verlaufe auch das echte Leben nicht nach irgendeinem Plot.

Der Leser, die Leserin soll tatsächlich „vergessen [...], dass er/sie überhaupt eine Geschichte liest"[14].

Um dies zu erreichen, sind die Worte das Mittel mit dem genau ausbalancierten Rhythmus, in sie hineinzuziehen. Das Geschriebene gleicht der gesprochenen Sprache, die Stimme des Erzählers – sein *Stil* – hält sich zurück. Vorrang hat die „totale Zugänglichkeit für den Leser"[15].

Die in Kings Welt so elementaren Figuren werden hierbei äußerlich kaum beschrieben. Für ihren Erfinder zählt, „ein klares Bild von ihrem Herzen"[16] zu haben, seine Charaktere zu kennen, zu wissen, wie sie fühlen und was sie bewegt.

Entsprechend betont er, worum immer es geht, wie wichtig die Wahrhaftigkeit sei, mit der erzählt werde, beruhend auf der eigenen Erfahrung und darauf, was als innere Wahrheit wahrgenommen wird, auch wenn die Umgebung diesem Gefühl widersprechen mag.

Somit ist es „einzige Verantwortung" des Schriftstellers, nach der „Wahrheit in seinem eigenen Herzen zu suchen"[17] und in Einklang mit ihr zu schreiben.

Zentral für (den leidenschaftlichen Leser) Stephen King ist beim Schreiben ebenso wie Lesen – „Telepathie"; wenn der Schriftsteller seine Gedanken und Vorstellungen in Worte überträgt, die Leser und Leserin als Ausgangspunkt dafür dienen, aus ihnen wiederum eigene Bilder entstehen zu lassen – auch wenn beide Versionen nie ganz übereinstimmen werden: „Wir sind uns nahe. Wir haben eine Übereinkunft."[18]

In DAS LEBEN UND DAS SCHREIBEN berichtet King, wie er während des Studiums seine zukünftige Ehefrau Tabitha Spruce kennenlernt. Als sie im Unterricht ein selbst verfasstes Gedicht vorliest, erzeugt das bei ihm ein Gefühl der Verbundenheit, da er in ihrem Vortrag die Bestätigung sieht seiner Ansicht, dass „gutes Schreiben zugleich berauschend und ideengetrieben sein kann"[19].

Entsprechend will er „eine emotionale, sogar körperliche Reaktion"[20] hervorrufen, aber vor allem – „*Resonanz*, etwas, das noch für eine kleine Weile in Beständigen Lesers Gedanken (und Herzen) nachklingt"[21], wenn das Buch schon wieder im Regal steht.

Im Zuge dieser indirekten Kommunikation die Vorstellungskraft anzufachen, ist dabei elementar. Wer sie nicht nutzt, werde genauso verrückt, wie wenn er/sie nicht träumt – der Sinn von Geschichten liegt für Stephen King auch mit darin, den Traum im Wachzustand, die Phantasie, zu stimulieren. Sie ist für ihn ein „wunderbares drittes Auge, das frei schwebt"[22].

Mit dem Älterwerden werde es trübe, wenn es durch den Tunnel der Erfahrung, durch Anforderungen und Sorgen des Alltags auf die Welt blickt. Kinder sehen mit diesem Auge noch unverfälscht, und so äußert er: „Der Job des Fantasy-Horror-Autors ist es, dich, für einen kleinen Moment, wieder zum Kind zu machen."[23] Er versucht, „das Kind im Inneren zu wecken, das nicht stirbt, sondern immer nur noch tiefer schläft"[24].

SELBSTVERORTUNG

Die Geschichten beruhen neben der eigentlichen Handlung auf den inneren Vorgängen der Figuren. Damit laden sie nicht nur ein in die Welt der Kleinstadtbewohner und Außenseiter, Dämonen und (menschlichen) Monster, sondern sind vor allem eine Reise zu den Untiefen der Seele.

King will charakterliche Schwächen verstehen und zeigen, dass sie Teil des Menschseins sind, nicht entschuldigend, aber (vorläufig) akzeptierend, damit, anstatt diese Seite zu verdrängen, ihr entgegengehalten werden kann.

Durch seine schonungslos offene Darlegung sonst nicht teilbarer Gedanken und innerer Abgründe erhält sein Publikum die Möglichkeit, Vergleichbares an sich selbst zu erkennen. Figuren als unaufdringliches Angebot zu inszenieren, sich womöglich in ihnen gespiegelt zu sehen, folgt aus seiner Haltung dazu, wofür Literatur da sein sollte – „uns die Wahrheit über uns selbst zu sagen"[25].

Das Beobachten und Mitfühlen der Vergehen anderer kann nicht nur hilfreich sein, solche auch an sich selbst auszumachen – im Vergleich zu den vergleichslosen Entgleisungen von Jack Torrance oder eines Wilfred James (*1922* [2010]) lassen sie sich dann vielleicht sogar anerkennen.

Was King an Verhalten in die Zeichnung der Figuren einbringt, fließt damit in die Texte ebenso ein wie Erfahrungen und eigene Empfindungen. Sein Schreiben beruht neben Beobachtungen und Vorstellungskraft auf Selbstreflexion und Selbstehrlichkeit bei der Wahrnehmung intimster Gedanken und Gefühle.

Aus dieser Verbindung von Menschenkenntnis und Selbstkenntnis folgt ein tiefes Verständnis seelischer Beweggründe, dessen spürbare Authentizität nicht zuletzt dem (intuitiven) Wissen über die eigene Verfasstheit geschuldet ist. Der Horror der Geschichten entfaltet sich aus den Abgründen des Menschlichen.

So schließt sich für King durch die Verknüpfung der Schreibtätigkeit mit seinem persönlichen Leben der Kreis zum „Horror-Autor nicht nur als Schriftsteller, sondern als menschliches Wesen"[26].

Die persönliche Faszination vom Makabren erklärt er im Vorwort seiner ersten veröffentlichten Kurzgeschichten-sammlung NACHTSCHICHT (1978) so:

„Wir alle scheinen ausgerüstet zu sein mit Filtern auf dem Grund unseres Bewusstseins, und alle von diesen Filtern mit unterschiedlichen Größen und Maschen."[27]

Er bezieht sich auf die wiederkehrende Frage, weshalb er über so grauenvolle Dinge schreibe. Alles, was mit Angst zu tun habe, würde sich nun einmal in seinem Filter verfangen.

„Warum nehmen Sie an, dass ich eine Wahl habe?"[28]

Die Angst vor mannigfaltigen Schrecken, die King stets beschäftige, ist zum einen etwas, was ihn dazu bringt, sie schriftstellerisch umzuwandeln und diese Seite des Lebens – den Tod, den manchmal brutalen, als ungerecht empfundenen und gefürchteten zu frühen Tod, die Schrecken, die Menschen ihren Mitmenschen antun – abzubilden.

Zum anderen stellt er die bewusste Wahrnehmung seiner

Ängste sogar als etwas Positives dar. Denn ‚Erwachsensein‘ an sich bedeutet für ihn, diese zu verdrängen und dafür in Kauf zu nehmen, damit auch den Sinn für das Wunder zu verlieren.

Die Annahme, Menschen würden ihre Umwelt durch ihre individuellen Filter wahrnehmen, zieht sich konzeptionell durch das Werk. King ist offenbar bereit, jede dieser Wahrnehmungen zunächst zu akzeptieren, eingehend zu betrachten und für sich nachvollziehbar zu machen, anstatt die eine ‚Wahrheit‘, die für alle gilt, vorauszusetzen – auch wenn er dem ‚Guten‘ eindeutig Vorzug gibt gegenüber dem ‚Bösen‘. Dieses Böse jedoch ist es, das er verstehen will, und entsprechend muss er es zunächst als für sich berechtigt anerkennen. Hierzu lässt er seine Selbstreflexion zum Spiel mit verschiedenen Perspektiven werden, die er zuletzt auf seine Figuren wirft.

In *MISERY* etwa versetzt sich der entführte Schriftsteller Paul Sheldon, in dessen direkt vom Erzähler wiedergegebenen Gedanken sich Leser und Leserin befinden, wiederum in die Geisteswelt seiner wahnsinnigen Kerkermeisterin, der Serienmörderin und früheren Krankenschwester Annie Wilkes. Zuletzt wird ein Teil von Paul, zumindest in seiner Vorstellung, identisch mit ihr: „In einem Akt der Selbsterhaltung war, über die letzten paar Wochen hinweg, ein Teil seiner Imagination tatsächlich Annie *geworden*, und es war nun dieser Annie-Teil, der sich zu Wort meldete in seiner trockenen und unwidersprechbaren Stimme.“[29]

Durch das situationshafte Beleuchten der verschiedenen Anteile seiner Figuren als elementare Komponenten der Geschichte hinterfragt King unausgesprochen – was ist eigentlich ‚böse‘ – oder wer?

Es ist damit weder Zustimmung noch Rechtfertigung, wenn er Böses aus seiner eigenen Logik heraus darstellt, sondern der Versuch, es zu erfassen. Entsprechend kommentiert er, angesprochen auf seine Faszination vom Nationalsozialismus, den er literarisch aufgreift im Roman DEAD ZONE (1979) oder in der Novelle DER MUSTERSCHÜLER (1982), King diese damit, dass „die Natur des Bösen [...] ein natürliches Anliegen für jeden Horrorschriftsteller"[30] sei.

Er sieht den Motor des Nationalsozialismus in der ,dunklen Seite' in jeder und jedem: „Dieser Werwolf in uns ist niemals fern der Oberfläche, und Hitler wusste, wie er ihn von der Leine lassen und füttern musste."[31]

Jene Äußerung illustriert Kings Vorstellung des Bösen – es erhält allein dadurch Macht, dass Menschen selbst sie ihm zugestehen. So kommt auch im Roman ES (1985) das Wesen, das die Stadt Derry terrorisiert, ursprünglich von ,außen' (aus dem All). Jedoch die Macht, die ES ausüben kann, wird ihm von den Bewohnern der Stadt verliehen, deren eigene Gewaltbereitschaft mit ES kommuniziert und ES durch sie wirken lässt.

Während man Bedrohungen, die von außen kommen, hilflos ausgesetzt ist, beruhe klassische Horrorfiktion auf diesem im Menschen angelegten inneren Bösen – es sei die Vorstellung eines freien Willens, die psychologischen Horrorgeschichten zugrunde liegt (ein Konzept, auf das King in IF IT BLEEDS [2020] anspielt und das er dort gegebenenfalls zu relativieren scheint[32]).

In seinen Büchern greift er auf, wie das Böse sich entfalten kann, wenn ihm dieser Raum gewährt wird.

Viele seiner Aussagen zur Horrorfiktion rühren aus den Anfängen der Karriere.

Derzeit, Mitte der 1970er-Jahre, erfuhr das damalige Nischengenre durch den Erfolg von Horrorromanen und -filmen – wegbereitend etwa Romeros *NIGHT OF THE LIVING DEAD* (1968), Friedkins *THE EXORCIST* (1973), Hoopers *TEXAS CHAINSAW MASSACRE* (1974) und schließlich auch Kings CARRIE (1974) – zunehmend Aufmerksamkeit.

„Warum lesen Leute so ein Zeug? Was lässt es sich verkaufen?"[33]

Im Vorwort zu NACHTSCHICHT spricht King jene Fragen, die ihm zu dieser Zeit regelmäßig gestellt werden, an. Hinter ihnen stecke die Annahme, die Horrorstory sei ein „ungesunder Geschmack"[34], die Bücher des Horrorautors könnten als Rorschachbilder gelesen werden, die seine „anale, orale oder genitale Fixierung offenbaren"[35].

Er dagegen stellt fest:

„Ich wurde gebaut mit einer Liebe für die Nacht und den unruhigen Sarg, das ist alles."[36]

Ein Grund dafür, *DANSE MACABRE* zu verfassen, liegt in dem Bedürfnis, diese Liebe für andere nachvollziehbar zu machen.

Im Jahr 2010 sieht er in seinem Aufsatz WAS MACHT ANGST? die zentrale These von *DANSE MACABRE* als auch nach dreißig Jahren noch gültig an:

„Eine gute Horrorstory funktioniert auf symbolischer Ebene; sie benutzt fiktionale (und manchmal übernatürliche) Begebenheiten, um uns dabei zu helfen, unsere eigenen tiefsten realen Ängste zu verstehen."[37]

Um Ängste verstehen zu können, muss zunächst jedoch

sichtbar werden, was Angst macht, und hierzu erschreckt der Horrorautor seine Leser/innen.

Dafür ruft King Stimmungen hervor, die er (einer klassischen Unterscheidung in Bezug auf die *Gothic*-Fiktion folgend) benennt mit Terror und Horror, zudem ist Ekel[38] für ihn ein dritter elementarer Effekt. Auch wenn er eine Qualitätsabstufung vornimmt und Terror als am hochwertigsten bezeichnet, gefolgt von Horror und schließlich Ekel, würde er keine dieser drei Formen vorziehen und bezeichnet alle als ihm gleich wichtig.

Terror entstehe aus der reinen Vorstellung. Horror dagegen sei das Angstgefühl, das auch dem Terror zugrunde liegt, aber weniger exquisit, weil er nicht ausschließlich vom Bewusstsein erzeugt werde, sondern auch eine körperliche Reaktion der Angst hervorruft. Ekel schließlich wird durch die Darstellung abstoßender Vorgänge ausgelöst, hierzu nennt King als Beispiel die Szene in DER EXORZIST, in der sich das besessene Mädchen in das Gesicht des Priesters übergibt.

DANSE MACABRE soll jedoch auch zeigen, inwiefern es sich bei Horrorfiktion keineswegs (lediglich) um die Abbildung von Perversion und Abgründigkeiten handelt.

So ist für King eine Funktion des Horrorfilms diejenige, die dargestellte Welt zu reduzieren auf eine Schwarz-Weiß-Perspektive – Gut gegen Böse. Hieraus folge psychische Erleichterung, da solche Vereinfachungen in der Realität kaum bestehen[39].

Überhaupt sei Erleichterung ein zentraler Effekt von Horrorfiktion und ergebe sich etwa auch dann, wenn anderen zugesehen wird, wie ihnen schreckliche Dinge passieren – die Erleichterung, nicht selbst betroffen zu sein.

Entsprechend bezieht er sich mehrfach auf das Konzept von Katharsis, die Theorie, dass sich durch das Miterleben von Schrecklichem in der Fiktion Erleichterung in der Realität empfinden ließe. Gerade in Bezug auf Horrorfiktion gelte der Katharsisbegriff jedoch eingeschränkt – hier distanziert sich King von sadistischen Folterszenen, die dadurch gerechtfertigt würden, dass man schließlich einen Weg brauche, seinen inneren Dämonen ein ungefährliches Betätigungsfeld zu bieten. Katharsis komme nur zum Zuge in Arbeiten, die „streng moralisch und streng künstlerisch"[40] seien.

Damit verknüpft sieht er als Grund für die Anziehungskraft fiktionalen Horrors nichtsdestoweniger den, dass gesellschaftlich nicht geduldete Gefühle indirekt ausgelebt werden könnten. Jene seien im Menschen angelegt und müssten regelmäßig, etwa durch das Ansehen von Horrorfilmen, „exerziert"[41] werden (was er auch als „die Alligatoren füttern"[42] bezeichnet), damit sie in der Realität nicht gegen andere gerichtet würden.

Beim Konsum von Horrorfiktion könnten zudem Gefühle der eigenen ‚Normalität' (im bestätigenden Sinne) ausgelöst werden, wenn im Film oder Buch ein Monster in Erscheinung tritt, in Vergleich zu dem man deutlich besser dasteht, was Angepasstheit oder Aussehen betrifft. Das Monster ist jedenfalls schrecklicher, als man sich selbst in der eigenen Unzulänglichkeit wahrnimmt[43].

So bestätige das Horrorgenre auf gesellschaftlicher Ebene die gängige Norm dieser Gesellschaft ebendadurch, dass ein Monster mit es definierenden und gleichzeitig negativ dargestellten Eigenschaften versehen und daraufhin als Sinnbild für den Außenseiter gejagt und vernichtet wird. Hier nennt King den Film DER TOD HAT SCHWARZE KRALLEN von 1957, wenn Michael Landon sich in einen Werwolf verwandelt und der von ihm ausgehende Schrecken unter anderem durch seine langen Haare mit ausgemacht wird, die zu jenem Zeitpunkt noch als Inbegriff der Provokation galten.

„Wir lieben und brauchen das Konzept von Monstrosität, weil es eine Bestätigung der Ordnung ist, nach der wir uns alle sehnen als menschliche Wesen … und lass mich weiterhin vorschlagen, dass es nicht die physische oder mentale Abweichung selbst ist, die uns mit Horror erfüllt, sondern eher das Fehlen von Ordnung, welches die Abweichung zu beinhalten scheint."[44]

Horrorfiktion kann individuelle ebenso wie verbreitete Ängste aufgreifen. Damit wirken laut King angsterzeugend auf persönlicher Ebene „Hass, Entfremdung, ohne Liebe alt werden, auf den unsicheren Beinen des Heranwachsens in eine feindliche Welt hinausstolpern"[45].

Im gesellschaftlichen Kontext macht er „nationale Angst-Druckpunkte"[46] aus, die er ebenfalls in seinem Schreiben anspricht. Derzeit, Anfang der Achtzigerjahre, sind es etwa die vor kommunistischer Unterwanderung oder einem Atomkrieg, jedoch auch, klassisch ebenso wie aktuell, die vor einer Regierung, die schlicht hilflos ist gegen unerklärliche Bedrohungen wie die *TOMMYKNOCKERS* (1987) oder die Kuppel in DIE ARENA (2009) (*UNDER THE DOME*).

Die zunehmende Popularität von Horrorfiktion erfolge nicht zuletzt auch aus dem Versagen der Religion. Nachdem ein Glaube an den Sinn des Lebens als von Gott gewollt kaum mehr sinnstiftend ist, stelle (metaphysische) Horrorfiktion einen Ersatz dar für die Idee von etwas Übergeordnetem. Sie eröffnet zudem eine neue Möglichkeit, sich mit dem Tod auseinanderzusetzen:

„Wir haben nicht die traditionellen Ventile, unsere Sterblichkeit zu reflektieren."[47]

Jede Form von Angst bleibe schließlich nur ein Ausdruck für die letzte, große Angst vor dem Ende – dem Tod. Für sie ist die Horrorfiktion eine „Probe"[48], die notwendig wird, weil die Vorstellung vom Tod an sich unergründlich sei für die menschliche Wahrnehmung.

„Das Leben ist voll von Schrecken, kleinen und großen, aber da die kleinen diejenigen sind, die wir begreifen können, sind sie es, die verstanden werden mit aller Kraft der Sterblichkeit."[49]

So wird jede Facette dieses unfassbaren Phänomens fasziniert als Teil der einen, der eigentlichen Angst betrachtet, um am Ende durch die kleinen Eindrücke das große Ganze zumindest im Ansatz als fassbar empfinden zu können.

King zufolge sind nur Horrorfiktion und *Supernatural Fiction* mögliche Projektionsfläche für solche Reflexionen – sie seien die einzigen Genres, die den Boden des rationalen Bewusstseins teilweise verlassen, und deshalb allein geeignet, immerhin eine Ahnung vom Wesen des Todes zu ermöglichen.

Wenn die Angst vor dem Tod diejenige ist, die eigentlich hinter allen Ängsten steht, ist die vor dem Bösen die vor dem, was den Tod bringt – „sterben ist, wenn das Monster dich erwischt"[50].

„Ich sehe das Böse an als etwas, das eine oberflächliche Aufregung innehat, aber darunter ist es stumpfsinnig und monoton, und das ist, wo der wirkliche Terror ist."[51]

24

An anderer Stelle definiert King es als den „„bewussten Willen, Böses zu tun[...]"‘"[52]. Es entspricht für ihn allem, was sich gegen Potenzial als solches richtet.

In Bezug auf die dreißig Jahre zwischen 1950 und 1980, mit denen er sich in DANSE MACABRE auseinandersetzt, stellt er einen zentralen Unterschied fest, der ihm nach bestehe „zwischen der alten Horrorfiktion und der neuen"[53].

Diesen sieht er im Narzissmus, der für ihn die moderne Horrorliteratur bestimmt[54].

Ausgehend davon, dass das Böse ohne konkrete Substanz ist, kann es sich äußerlich angleichen und ist diesbezüglich entsprechend austauschbar[55].

So liegt es nahe, dass sich Form ebenso wie Inhalt von Fiktion anpassen an die sich ändernden Ängste einer Epoche, die in der Horrorfiktion reflektiert werden.

In einer (narzisstischen) Gesellschaft des „Ich-Kults"[56] werde somit das Monster im fiktionalen Horror zunehmend zu einem erkennbaren Spiegelbild unser selbst.

Als Beispiel für einen narzisstischen Horrorroman bringt King Shirley Jacksons Buch SPUK IN HILL HOUSE aus dem Jahr 1959 an, in dem die Hauptfigur Eleanor zusammen mit drei anderen Personen für ein Experiment in ein angebliches Spukhaus zieht – Hill House.

Wenn Horrorfiktion, wie King schreibt, die sonst nicht fassbaren Abgründe der Existenz aufgreift, indem sie ihnen im Kleinen eine Form verleiht und sie damit erfahrbar macht, wäre SPUK IN HILL HOUSE dem folgend ein Text, der die Schrecken von Narzissmus und damit von Selbstbezogenheit und Nichtverbundenheit zu anderen in eine Geschichte kleidet.

King beschreibt Eleanor so: „Wie Narziss selbst ist sie ziemlich unfähig, mit der sie umgebenden Außenwelt in irgendeiner anderen Weise als einer Spiegelung ihrer eigenen inneren Welt umzugehen. Das Wetter an beiden Orten ist immer dasselbe."[57]

Dieser Lesart folgend versucht Eleanor, anstatt ihre Umgebung als von ihr selbst unabhängig zu akzeptieren, Widersprüche zwischen jener und ihrem Innenleben aufzuheben, indem sie nur in ihre Wahrnehmung hineinlässt, was dieser bereits entspricht. Sie ist unfähig, von ihrer eigenen Sicht auf die Welt auch nur kurz zurückzutreten, um erkennen zu können, dass sie nicht allgemeingültig ist.

So beruht der Roman auf dem Konzept von Selbstbezogenheit und Spiegelung. Zu seiner Logik gehört für King die Annahme, dass das Haus tatsächlich böse ist. Nachdem Eleanor, nicht als Erste an diesem Ort, sich zuletzt umbringt, schließt King: „Die arme Eleanor wurde ermordet durch die ultimative Falschheit ihrer eigenen Spiegelung in den Ziegeln und dem Stein und Glas von Hill House [...]."[58]

Seiner Besprechung sind Ausführungen des Anglisten John G. Parks vorangestellt. In einem Aufsatz diskutiert dieser einen anderen Roman Jacksons, THE SUNDIAL (1958), dessen Ergebnisse laut King jedoch ebenso gut auch auf SPUK IN HILL HOUSE angewendet werden könnten.

Parks greift das Konzept von Narzissmus in der Literatur auf und bezieht sich dabei auf die Studie NEW AMERICAN GOTHIC (1962) des Kritikers Irving Malin.

Wie Malin und mit ihm Parks Narzissmus verstehen, fasst King so zusammen: Sie „scheinen eine wachsende Besessenheit mit den eigenen Problemen zu meinen, ein Sich-nach-innen-Wenden eher als ein Nach-außen-Wachsen"[59]. „"Fast alle Charaktere der *New American Gothic* sind narzisstisch [...], in einer Form oder der anderen, Schwächlinge, die versuchen, ihre eigenen Belange in die Realität hineinzulesen.""[60]

Angewendet auf die moderne *Gothic*-Fiktion stellt King Parks' Zusammenfassung von Malins Ergebnissen vor: Zentral sei ein Mikrokosmos als Schauplatz – etwa ein entlegenes Spukhaus –, in dem „universelle Kräfte aufeinanderstoßen"[61]. Ein solcher diene in der *New American Gothic* als „ein Bild für Autoritarismus, für Gefangenschaft, oder für ‚einengenden Narzissmus'"[62], ihre Charaktere seien vergleichbar ein geschlossenes System und ihre Umgebung Spiegel ihres Innenlebens.

Dies ist Stephen King zufolge eine „fundamentale Änderung in der Absicht von *gothic*"[63].

In der psychoanalytisch ausgerichteten Literaturkritik sei zuvor der „Mutterschoß"[64] als Symbol für sexuelle Ängste angesehen worden; somit wäre Horrorfiktion eine Möglichkeit, sich indirekt diesem tabubehafteten Thema zu nähern.

Laut Parks und Malin befasse sich der ‚neue amerikanische Roman', den King vor allem den 1960er- und 1970er-Jahren zuordnet, dagegen nicht mit sexuellen Interessen und Ängsten, sondern mit „Interesse am Selbst und Angst vor dem Selbst"[65].

Filme wie DER EXORZIST oder Cronenbergs PARASITEN-MÖRDER (1975) repräsentierten dann weniger einen symbolischen Schoß als vielmehr einen symbolischen Spiegel, die Angst vor sich selbst oder dem Gegenüber eher als vor sexuellen Belangen.

Dass Horrorautoren als wahnsinnig und ihre Texte als ‚Rorschachtest' wahrgenommen würden, führt er zurück eben auf die Tradition psychoanalytischer Literaturkritik, ausschließlich sexuelle Ängste im Horror inszeniert zu sehen, was er entsprechend selbst als irreführend ansieht[66].

Zur Illustration dieser Deutungsweise beschreibt King, wie eine Kritikerin eine Szene aus Richard Mathesons Roman DIE SELTSAME GESCHICHTE DES MR. C. (1956) interpretiert. In dieser kämpft der auf Zentimetergröße geschrumpfte Scott Carey gegen eine ihn um ein Vielfaches überragende Schwarze Witwe und besiegt sie schließlich mit einer Stecknadel. Die Kritikerin erklärt die Spinne zur symbolischen Vagina, die Nadel zum Phallus und den Kampf zum Kampf des Mannes gegen seinen eigenen Sexualtrieb – den er gewinnt.

In einem Kopfnicken hin zu Mathesons Roman nennt King die Hauptfigur seines 2018 erschienenen Buchs ELEVATION Scott Carey.

Seine eigene Deutung von DIE SELTSAME GESCHICHTE DES MR. C. liest sich anders. Für ihn ist sie ein Bild für die „Innenpolitik der Macht", oder die „Innenpolitik der Magie"[67]. Das Töten der Spinne stehe dafür, dass „Magie nicht von Größe abhängig ist, sondern von Geist und Herzen"[68].

Somit trägt Horror auch sein eigenes Gegenstück in sich. Durch die Bedrohungen in der Fiktion werden der Glaube an das Gute und daran, die Schrecken überwinden zu können, ebenso wie der Mut, dies zu versuchen, nötig.

Wenn sich beim Lesen oder Zuschauen mit den Figuren

identifiziert, mit ihnen gelitten und um ihr Wohlergehen gefürchtet wird, ist dies laut King zudem ein möglicher Weg zu Empathie. Man habe nicht Angst vor den Monstern, sondern vielmehr um diejenigen, die von ihnen bedroht werden.[69]

Zugleich ist jedoch auch dies elementar: Die „vorrangige Funktion der Horrorstory" sei nach wie vor – sie „macht uns zu Kindern, o. k.?"[70].

Kinder glauben noch an Monster. Die existenzielle Angst, die daraus folgt, sieht King lediglich als die dunkle Seite einer uneingeschränkten Wahrnehmung, eine Offenheit gegenüber dem Wunderbaren, der Magie, die für ihn die Zeit des Aufwachsens bestimmt[71].

Die mit dieser Offenheit einhergehende Neugier ist nahezu uneingeschränkt[72]; der Umgang mit Grenzen muss erst erlernt werden, und so ist es im Kontrast zur grenzenlosen Motivation, Neues in sich einzusaugen, eine zu erlernende Kulturtechnik[73], Empathie für das Gegenüber, für Fremde zu entwickeln – diese in ihrer eigenen Berechtigung wahrzunehmen, ihre Grenzen anerkennend –, was über das sich entwickelnde Verständnis geteilter Menschlichkeit entsteht.

Es wird, wenn das Kind im Menschen ihn in die Lage versetzt, das Wunderbare um ihn herum zu sehen, über die erwachsene Fähigkeit des Empfindens geteilter Humanität das Herz angesprochen.

Diese beiden Anteile des Menschseins werden im fiktionalen Horror miteinander in Verbindung gebracht und ergänzen sich in ihrer Synthese ideal.

Horror steht damit für King vor allem auch dafür, das Herz in die Hand zu nehmen, für sich und andere zu kämpfen, über sich selbst hinauszuwachsen; für Magie, die das scheinbar Unmögliche möglich macht.

Horrorfiktion erzählt die Geschichte derer, die am Ende bestehen. Um zu ihnen zu gehören, wird der Wille hierzu und ein Bekenntnis zum Guten maximal gefordert.

Was in Kings Geschichten rettend wirkt, sind so scheinbar alltägliche und gleichzeitig wesentliche Dinge wie Liebe und Freundschaft, Courage und Moral.

Als unmoralisch bezeichnet er „Mangel an Fürsorge, [...] oberflächliche Betrachtungsweise"[74].

Moral dagegen ist, „die Wahrheit zu sagen, wie dein Herz sie kennt"[75] und die „Dinge, die das Herz begreift als die Anforderung eines Lebens, gelebt unter anderen"[76].

Somit ist Horrorfiktion nicht nur eine ‚Probe‘ für den Tod. Sie bestätigt zugleich das Leben und ist allein dadurch Verbindung zum Unendlichen.

Dass wir als Menschen „vom Schoß ins Grab fallen", von einem Unbekannten ins andere, außer durch den Glauben nichts weiter darüber zu wissen meinen und dennoch nicht wahnsinnig werden, ist „fast göttlich"[77].

Diese Mysterien durch die „machtvolle Intuition unserer Vorstellungskraft" wahrnehmen zu können, ist „das Wort, das Kinder instinktiv respektieren, das Wort, dessen Wahrheit wir nur als Erwachsene in unseren Geschichten wiederentdecken … und in unseren Träumen: Magie"[78].

[1] Underwood, Tim; Miller, Chuck (Hg.): *Fear Itself. The Horror Fiction of Stephen King* (1982). New American Library, New York / Scarborough, Ontario, 1984, Rückeinband.

[2] King, Stephen, in: Underwood/Miller (Hg.): *Bare Bones. Conversations on Terror with Stephen King* (1988). Hodder & Stoughton, London, 1990, S. 252.

[3] King, in: Underwood/Miller (Hg.) 1990, S. 65.

[4] Vgl. King, Stephen: *Stephen King's DANSE MACABRE* (1981). Berkley Books, New York, 1983, S. 63.

[5] King, in: Underwood/Miller (Hg.) 1990, S. 43.

[6] King, Stephen: Recipient of the National Book Foundation's Medal for DISTINGUISHED CONTRIBUTION TO AMERICAN LETTERS AWARD, 2003.

[7] King, in: Underwood/Miller (Hg.) 1990, S. 14.

[8] King, in: Underwood/Miller (Hg.) 1990, S. 14.

[9] King, in: Underwood/Miller (Hg.) 1990, S. 68.

[10] King 1983, S. 308 (Hervorh. i. O.).

[11] King 1983, S. 309.

[12] King, Stephen: *Full Dark, No Stars. Afterword.* Hodder & Stoughton, London, 2010c, S. 337 (Hervorh. i. O.).

[13] King, Stephen: *On Writing* (2000). Simon & Schuster, New York, 2010b, S. 163.

[14] King 2010b, S. 134.

[15] King, in: Underwood/Miller (Hg.) 1990, S. 132.

[16] King, in: Underwood/Miller (Hg.) 1990, S. 179.

[17] King 2010c, S. 338.

[18] King 2010b, S. 106.

[19] King 2010b, S. 64.

[20] King 2010c, S. 337.

[21] King 2010b, S. 214 (Hervorh. i. O).

[22] King 1983, S. 407.

[23] King 1983, S. 407.

[24] King 1983, S. 409.

[25] King 1983, S. 251.

[26] King 1983, S. 403.

[27] King, Stephen: *Night Shift* (1978). *Foreword.* 22. Auflage. New English Library: Hodder & Stoughton, London, 1992, S. 6.

[28] King 1992, S. 6 (Hervorh. i. O.).

[29] King, Stephen: *Misery* (1987). Hodder & Stoughton, London, 2011, S. 206 (Hervorh. i. O.).

[30] King, in: Underwood/Miller (Hg.) 1990, S. 73.

[31] King, in: Underwood/Miller (Hg.) 1990, S. 74.

[32] King, Stephen: *If It Bleeds*. In: *If It Bleeds* (2020). Scribner Export Edition, New York, 2021, S. 197.

[33] King 1992, S. 8 (Hervorh. i. O.).

[34] King 1992, S. 9.

[35] King 1983, S. 352.

[36] King 2010b, S. 158.

[37] King, Stephen: *What's Scary: A Forenote to Danse Macabre, 2010 Edition*. Gallery Books, New York, 2010a, S. xiii.

[38] King 1983, S. 25.

[39] King 1983, S. 176.

[40] King, in: Underwood/Miller (Hg.): *Feast of Fear. Conversations with Stephen King* (1989). Carroll & Graf Publishers Inc., New York, 1992, S. 267.

[41] King 1983, S. 176.

[42] Vgl. King 1983, S. 177.

[43] King 1983, S. 42, 45, 175.

[44] King 1983, S. 39.

[45] King 1992, S. 13.

[46] King 1983, S. 5.

[47] King, in: Underwood/Miller (Hg.) 1992, S. 231.

[48] King 1992, S. 12.

[49] King 1992, S. 10.

[50] King 1983, S. 106.

[51] King, in: Underwood/Miller (Hg.) 1992, S. 95.

[52] King, in: Underwood/Miller (Hg.) 1992, S. 66.

[53] King 1983, S. 252.

[54] King 1983, S. 252.

[55] King, in: Underwood/Miller (Hg.) 1990, S. 155.

[56] King 1983, S. 282.

[57] King 1983, S. 287.

[58] King 1983, S. 294.

[59] King 1983, S. 281.

[60] Parks, John G.: *Waiting for the end: Shirley Jackson's* The Sundial. Zit. in: King 1983, S. 282 (meine Hervorh.). [→ Sekundärzitate]

[61] King 1983, S. 281.

[62] King 1983, S. 281.

[63] King 1983, S. 281.

[64] King 1983, S. 281.

[65] King 1983, S. 281.

[66] Vgl. King 1983, S. 351, 352.

[67] King 1983, S. 352.

[68] King 1983, S. 352.

[69] Vgl. King 1983, S. 190.

[70] King, in: Underwood/Miller (Hg.) 1990, S. 192.

[71] King 1983, S. 405.

[72] Vgl. King 1983, S. 196, 197.

[73] Vgl. Ruppert, Franz: *Symbiose und Autonomie. Symbiosetrauma und Liebe jenseits von Verstrickungen* (2010). Klett-Cotta, Stuttgart, 2015, S. 156.

[74] King 1983, S. 403.

[75] King 1983, S. 403–404.

[76] King 1983, S. 403.

[77] King 1983, S. 409.

[78] King 1983, S. 409.

2 GENERISCHE FREIHEIT

GOTHIC
HORROR – REALITÄT UND FIKTION
GENRE UND FIGUR
ÜBERWINDUNG DER GRENZE

Ein Beiname Kings ist ‚The Master of Horror'; die Schockmomente der Geschichten bestimmen sein Image.

Sharon Russell jedoch und mit ihr Heidi Strengell zeigen, dass Stephen King nicht Autor reiner Horrorfiktion ist. Vielmehr verbindet er verschiedene Genres miteinander; seine Texte, die Elemente etwa auch von Märchen, Science-Fiction, Western, *Romance*, *Crime* oder *Suspense Fiction* enthalten, sind einer bestimmten Kategorie kaum zuzuordnen.

Die Annäherung an das Werk über das Horrorgenre liegt nichtsdestoweniger nahe – auch wenn er an dieser Stelle ebenfalls nicht als Genreautor gesehen wird, interessieren im Folgenden dennoch Horror und *Gothic*, da beide Formen aufgrund ihrer jeweiligen Eigenschaften für sein Schreiben grundlegend sind.

Zuletzt wird ein weiteres konzeptionelles Element mit diesen Genres in Zusammenhang gesetzt – das der Figur.

Für die Auseinandersetzung mit den Texten Stephen Kings ist die Einbeziehung von *Gothic* ebenso elementar wie die des Horrorgenres. Beide sind eng miteinander verbunden aufgrund des Ausgangs fiktionalen Horrors aus der klassischen *Gothic*-Literatur, während Letztere zugleich prägend ist für die amerikanische Prosa, in deren Tradition King schreibt. Bedingt durch die ihnen eigenen Merkmale liegt es nahe, dass sie einander zuspielen[1].

Gothic als Kategorie entzieht sich einer klaren Definition. Das Genre ist wandlungsfähig und findet über die Zeit zahlreiche jeweils aktuelle Ausdrucksformen. So sind auch erfolgreiche Serien wie DESPERATE HOUSEWIVES (2004–2012) oder AMERICAN HORROR STORY (aktuell elf Staffeln seit 2011), selbstverständliche Errungenschaften zeitgenössischer Unterhaltungskultur, mehr oder minder offensichtlich Nachfolger traditioneller *Gothic*-Fiktion.

Die literarische Gattung geht zurück bis auf Werke, die in England Mitte des 18. bis Anfang des 19. Jahrhunderts entstanden. Zu den bekanntesten zählen Matthew Lewis' MONK (1796) oder Mary Shelleys FRANKENSTEIN (1818); Romane, die mit ihren Spukschlössern an entlegenen Orten bis heute stilbildend sind.

Derzeit bedeutete *gothic* „veraltet, altmodisch oder ausländisch"[2], die Ära der Gotik stand für Barbarei, Aberglauben und Anarchie, ihr sollte ein konzeptioneller Gegenentwurf gesetzt werden.

Als namensgebend für das Genre wurde retrospektiv der 1765 erschienene Roman Horace Walpoles DAS SCHLOSS

VON OTRANTO herangezogen aufgrund des Untertitels der zweiten Auflage EINE *GOTHIC*-GESCHICHTE – ihm fügte Walpole eben das Adjektiv ‚*gothic*' hinzu, während er zuvor lediglich EINE GESCHICHTE gelautet hatte.

Zentrale Bedeutung misst die Anglistin E. J. Clery seinem Vorgehen zu, zwei verschiedene Genres miteinander zu verknüpfen: „Walpole wollte die unnatürlichen Begebenheiten, die mit der Romanze assoziiert wurden, und die naturalistische Charakterisierung und den Dialog des Romans miteinander verbinden"[3] – die Figuren verhalten sich im Rahmen des Wahrscheinlichen und Möglichen, während zugleich der Vorstellungskraft durch Aufgreifen übernatürlicher Anteile grenzenlose Freiräume eröffnet werden.

Um das weitläufige und kaum greifbare Phänomen *Gothic* dennoch formal einzugrenzen, benennt Jerrold E. Hogle altertümliche Orte ebenso wie Geheimnisse aus der Vergangenheit, die sich in Form eines Geists oder Monsters aus geheimnisvollem Ort erheben und dabei alte, ungelöste Konflikte oder Verbrechen enthüllen.

Bei der darauffolgenden Auseinandersetzung wird jedoch weniger eine endgültige Klärung der entsprechenden Fragen geboten als vielmehr ihre Verhandlung inszeniert.

So zeichne sich *Gothic* vor allem dadurch aus, widersprüchliche Gefühle und Gedanken, wenn nicht in der Realität aufzulösen, so doch immerhin aufzunehmen und widerzuspiegeln und damit nicht zuletzt sichtbar zu machen. Aushandlungen von Identität auf persönlicher wie gesellschaftlicher Ebene sind strukturelles Merkmal; Erwartungen an Geschlechter-, Rassen- und Klassenrollen finden eine Projektionsfläche. Entsprechend ist für Hogle das Genre eher ein kommunikativer Verhandlungsort oder -raum, als dass er es als Ausdruck für eine bestimmte Position sehen würde, etwa als ‚konservativ' oder als ‚subversiv'; eine Einordnung, die in der Forschung vielmals vorzunehmen versucht wird[4].

Eingebettet sind solche Diskurse oft in düstere, verlassene Umgebungen; Wahnsinn und innere Zerrissenheit prägen die Charaktere.

Die englische *Gothic*-Fiktion fand ab Ende des 18. Jahrhunderts ihren Weg nach Nordamerika und war dort bald hochpopulär. Für einige entspricht die aus ihr hervorgegangene Prosa tatsächlich der klassischen nationalen Literatur, die somit auch Stephen Kings Selbstverständnis als amerikanischer Schriftsteller bestimmt.

Der Anglist Allan Lloyd Smith beschreibt sie ebenfalls bereits in ihren Anfängen als zutiefst von *Gothic* beeinflusst. Als Autor/inn/en der *American Gothic Fiction* nennt er Edgar Allan Poe und Nathaniel Hawthorne, zudem Herman Melville, Charles Brockden Brown, James Fenimore Cooper oder Harriet Beecher Stowe.

Bei den Voraussetzungen, welche die Gesellschaft prägten, die wiederum diese Literatur hervorbrachte, handelte es sich Lloyd Smith zufolge zunächst um politischen Utopismus im Moment der Nationsgründung; zudem war die Erfahrung der Grenze Mythos und ebenso alltägliche Erfahrung der europäischen Siedler. Hinzu kamen deren puritanisches Vermächtnis und der entsprechende die politische und die Alltagskultur bestimmende Verhaltenskodex sowie als fremdartige Begegnung empfundene Tref-

fen auf afrikanische Sklaven und amerikanische Urein-
wohner:

Vor wie nach der Unabhängigkeit war der Alltag in den
Staaten bestimmt von der Erschließung des Landes und
dem Aushandeln neuer Identitätsentwürfe – gesellschaftliche Bedingungen, deren Facettenreichtum und Ambivalenz sich in der flexiblen Form der *Gothic*-Fiktion mit
ihrer Affinität für Grenzaushandlungen vielleicht am
ehesten reflektieren lassen – „*Gothic* geht hervor aus den
Bedingungen, die [...] [die Texte] anstreben zu beschreiben"[5].

Zentraler Unterschied zwischen dem amerikanischen
Gothic-Roman und seinen europäischen Vorbildern ist für
Lloyd Smith eine strukturelle Veränderung – *Gothic* in
amerikanischer Ausprägung trete oft eher metaphorisch
oder in Gestalt einzelner Details in Erscheinung, als dass
sie das Genre als solches kopiere. Die amerikanischen
Schriftsteller/innen würden die Voraussetzungen des europäischen *Gothic*-Romans auf ihre eigene Umgebung
übertragen, etwa wenn „die Gefahren der Wildnis [...] ein
labyrinthisches Setting bereitstellen, das die europäischen
Windungen des Konvents oder Schlosskorridore und Ver-
liese ersetzt"[6], „das Verlies zur Höhle wird"[7] wie bei
Brown oder wenn im 20. Jahrhundert William „Faulkners
heimgesuchte Sümpfe, verlorene Plantagen und vernichte-
te Städte des Südens eine *Gothic*-Landschaft bieten, vergleichbar mit den Ruinen des Feudalismus in Englischer
Gothic"[8].

Eine weitere Adaption sieht Lloyd Smith in der Übertragung auf psychologische Vorgänge, besonders im häuslichen Kontext, wofür er als Beispiel Charlotte Perkins
Gilmans Kurzgeschichte DIE GELBE TAPETE (1892) an-

führt, in der die weibliche Hauptfigur zur ‚Heilung‘ ihrer ‚Hysterie‘ in ein Zimmer mit entsprechender Wandverkleidung eingesperrt wird und die, verschiedene *Gothic*-Elemente aufgreifend (das der Zwangslage, des Doppelgängers, von Wahnsinn), die Behandlung der Protagonistin durch Ehemann und Doktor anprangert[9].

Gothic genießt durch „ihren Status als absurde Phantasie"[10] letztlich eine gewisse Narrenfreiheit, durch die es möglich werde, vielleicht gerade irrationalen Ängsten, aber auch Wünschen Ausdruck zu verleihen und damit bestimmte Verhältnisse womöglich sogar besser einfangen zu können, als realistische Schilderungen es könnten.

So wie die kanonischen Texte der *Gothic*-Fiktion jener retrospektiv zugeordnet werden, ist auch ‚*American Gothic*‘ eine Einteilung, die ab den 1980ern rückblickend getroffen wird. Während im Namen des eben so betitelten Gemäldes des Malers Grant Wood von 1930 beide Begriffe noch ironisch, da widersprüchlich assoziiert kombiniert werden, verschmilzt mit Robert Blochs Roman *AMERICAN GOTHIC* aus dem Jahr 1974 dieser immanente Widerspruch mit gewaltvollen Aspekten der Landesgeschichte[11].

Die ambivalente Beziehung von nationaler Erzählung und hintergründigem Trauma spiegelt sich vergleichbar auch 1976 in den Feierlichkeiten zum zweihundertjährigen Bestehen der USA kurz nach Ende des Vietnamkriegs, auf dessen Schrecken Bloch implizit in *AMERICAN GOTHIC* anspielt[12].

Gothic-Fiktion wird seither als Instrument von Kulturkritik gesehen, ein Verständnis der Geschichte der Vereinigten Staaten ohne sie gar nicht erst als möglich erachtet, indem mit ihr die ‚Nachtseite' des offiziellen Erfolgsnarrativs enthüllt werde. Diese dunkle Perspektive habe durchaus ihre positive Seite – so lenke *Gothic*, mit ihrem Fokus auf „Angst, Versagen, Verzweiflung, Albtraum, Kriminalität, Krankheit und Wahnsinn"[13], die Aufmerksamkeit auf ebendiejenigen sozialen Zusammenhänge, in denen solche Bedrohungen präsent sind.

In der Tradition von *American Gothic* sieht Literaturkritiker Irving Malin offenbar, was er in seiner gleichnamigen Monografie von 1962 entsprechend *New American Gothic* nennt. Stephen King erwähnt sein Konzept in DANSE MACABRE und lehnt die eigene, hier in Kapitel 1 angeführte Besprechung von Shirley Jacksons Roman SPUK IN HILL HOUSE daran an.

Die von Malin untersuchte Form von *Gothic* ist ihm selbst zufolge eine literarische Fokussierung auf Narzissmus*.

Er befasst sich mit Romanen und Kurzgeschichten amerikanischer Autor/inn/en, darunter Truman Capote, J. D. Salinger und Flannery O'Connor. Während deren Texte häufig als *Southern Gothic* eingeordnet werden, entspre-

---

* Im vorliegenden Text erfolgt die Verwendung des Begriffs weniger systematisch im klinischen Sinne als vielmehr der Natur des Untersuchungsgegenstands – Literatur – geschuldet momenthaft, Grundsätzliches konkret wie abstrakt aufgreifend.

Narzissmus wird dabei primär als Beziehungs- und Identitätsstörung verstanden und weder auf eine Aufzählung von Verhaltensweisen nach dem klassischen DSM noch Konstruktionen wie „männlichen" oder „weiblichen" Narzissmus reduziert.

chen sie für ihn der Neuen Amerikanischen *Gothic*-Fiktion.

New American Gothic ist für Malin die literarische Inszenierung von „Selbst-Liebe" – von „Narzissmus". Er stellt dar, wie ihre Charaktere außerstande sind, Beziehungen zu anderen aufzubauen, da sie lediglich darauf abzielten, diese zu Spiegelbildern ihrer selbst zu machen. Ursache dieser Beziehungsunfähigkeit (die in den angeführten Geschichten oft im Selbstmord endet) ist für Malin die Familie. Die narzisstischen Eltern sind Quelle für den Narzissmus ihrer Kinder; die Familie als Ort der Reproduktion realer Teufelskreis und Bild für die Unfähigkeit zur Entwicklung im Narzissmus zugleich.

Während laut Malin die in den Werken beschriebenen Familienverhältnisse meist als Kritik am Protestantismus gesehen würden, handelt es sich für ihn um die Darstellung narzisstischer Strukturen. Dabei teilt er seine tiefen Einsichten in das Wesen des pathologischen Narzissmus:

„Der narzisstische Elternteil gewinnt trotz seiner Schwäche: Er erlegt sein Design dem unwirksamen Kind auf, das beginnt, ihn zu reflektieren. Aber der Sieg ist hohl, weil Zerstörung immer präsent ist für beide."[14]

In den von ihm herangezogenen Texten sieht er die *Gothic*-Topoi des Raumes und der Reise neu interpretiert – das Nichtvermögen, die emotionale Brücke zum Gegenüber zu schlagen, übersetzt in das Bild des Raumes als inneres Gefängnis („Gefängnisse des Geistes"[15]), das der Reise als verzweifelte Flucht.

Die Letztere sei (anders als in der klassischen amerikanischen *Gothic*-Fiktion, in der sie „Flucht vor [...] Autoritarismus in neue Richtungen von Stärke oder Liebe" repräsentiere[16]) zum Scheitern verurteilt – die neue Reise erzeuge Horror, „da die Bewegung normalerweise unberechenbar, kreisförmig, gewaltsam oder verzerrt ist"[17].

Zu Beginn der 1960er-Jahre setzt Irving Malin eine Konzeption aus der Psychologie, die des Narzissmus, in Zusammenhang mit zeitgenössischen literarischen Ausdrucksformen.

Die Amerikanistin Agniezska Soltysik Monnet befasst sich mit der Diskursgeschichte des Terms *American Gothic* und kritisiert Malins Umgang mit Begriffen in der erwähnten Monografie als unreflektiert.

So verwende er die Bezeichnung *American* für die herangezogenen Texte, weil es sich um amerikanische Literatur handelt, er stelle aber konzeptionell keinen weiteren Bezug zu dem her, was amerikanisch sei an ihnen. Zudem sei seine Nutzung des Ausdrucks *gothic* synonym zu „pervers" oder „Freak" und damit „homophob und wertend"[18]. Seine Kritik beschränke sich eindimensional auf eine psychologische und sexuelle Deutung.

Auch wenn ihre Argumente nicht unzutreffend sein mögen, bleibt ihre Wertung, die Malins zentrale Leistung – den Zusammenhang zwischen der von ihm untersuchten Literatur und dem Narzisstischen am Verhalten ihrer Charaktere herauszuarbeiten – unberücksichtigt lässt, ebendadurch einseitig.

Monnet selbst veröffentlicht 2010 eine Monografie zu Werken amerikanischer *Gothic*-Autor/inn/en – Poe, Hawthorne, Melville, James und Gilman –, in der ihre Kritik an Malins Text kurz auftaucht als Station der Begriffsgeschichte von *American Gothic*.

Die beschriebene Eigenschaft, zu reflektieren und infrage zu stellen, arbeitet sie aus zu der These, dass die Bedeutung der *Gothic*-Fiktion aufgrund ihres zentralen Merkmals der Mehrdeutigkeit vor allem darin liege, Vorgänge von Wertung auf individueller wie gesellschaftlicher Ebene zu inszenieren. Dies erfolge etwa durch die Ambivalenz vieler Hauptfiguren, die nicht klar als ‚böse' oder ‚gut' eingeordnet werden könnten, oder die erzählerische Form, die verschiedene Ebenen enthalten kann und von mehreren oder unzuverlässigen Erzählern geprägt ist. So übertrifft, oder überzeichnet, diese Literaturform die Möglichkeiten der Auslotung kollektiver und persönlicher Handlungsoptionen des Romans:

Gothic „erkundet den Fakt, dass einige Dinge [...] weder moralisch eindeutig noch überhaupt begreifbar sind"[19].

In dieser konzeptionellen Besonderheit liegt die potenzielle Bedeutung von *Gothic* in Verbindung mit der narzisstischen Grundproblematik – dessen angestrebte selbstzentrierte Deutungshoheit, in deren Zuge alternative Auslegungen zur eigenen Sicht versucht wird auszuschließen[20], wird mit literarischen Mitteln konterkariert.

Leser/innen müssen selbst entscheiden, wie sie eine Geschichte und die darin enthaltene Moral bewerten; durch die Uneindeutigkeit wird die Schwelle zur Revidierung gewohnter Bewertungsmuster herabgesetzt.

In Bezug auf Stephen King bemerkt Douglas Keesey hinsichtlich dieses Aspekts von *Gothic*, dass entsprechend der Roman ES als Spiegel der Einstellung seiner Leser/innen zu der im Text mehrfach aufgegriffenen Homosexualität gesehen werden könne. Dies leitet Keesey ab aus der Verbindung mehrdeutig lesbarer Vorgänge im Roman in diesem Kontext sowie von der Eigenschaft von ES, ohne feste Form zu sein, sondern vielmehr stets diejenige anzunehmen, die geeignet ist, in seinem Gegenüber die größte Angst auszulösen – abstrakte Spiegelung dessen, inwiefern die Darstellung von Homosexualität beim Lesen individuell angsteinflößend wirkt oder nicht.[21]

So ist zuletzt, wenn *Gothic* in Hinsicht auf Narzissmus abstrakt dessen versuchte Auslegungsherrschaft unterwandert, das Neue an der *New American Gothic* dabei auch, dass in ihr darüber hinaus einem Narzissmus literarische Form verliehen wird, dessen Wahrnehmung mit sich verändernder Gesellschaft ebenfalls sich zu wandeln im Begriff ist, was sie aufgreift und dadurch sichtbar macht:

Das Phänomen Narzissmus beginnt außerhalb des psychologischen Diskurses Aufmerksamkeit zu erhalten und wird Thema einer Kultur, die zunehmend um das Individuum kreist.

HORROR – REALITÄT UND FIKTION

,Horror' ist oft mit Film assoziiert, doch bereits lange vor Aufkommen des Schauerkinos zu Beginn des 20. Jahrhunderts wurden Gruselgeschichten mündlich überliefert und später, als Vorstufe des Stummfilms, in Theateraufführungen inszeniert.

Ausgangspunkt des Genres ist Sharon Russell zufolge die *Gothic*-Fiktion des 18. Jahrhunderts.

Die Zeit, seit der eine ernsthafte kritische Auseinandersetzung mit Horrorfiktion salonfähig wird, bestimmen die

Autoren Ahmad und Moreland als das Ende der 1980er-Jahre (knapp zehn Jahre *nach* Erscheinen von STEPHEN KING'S DANSE MACABRE). Inhaltlich würden gleichbleibende Fragen thematisiert – wie sich überhaupt feststellen lässt, worum es sich bei ,Horror' handelt, weshalb es ausgedachten Horror gibt, wenn sich genug schreckliche Dinge in der Realität ereignen, oder ob solche Szenarien in der Fiktion zu konsumieren tatsächlich ,krank' sei oder nicht.

In der Darlegung Georg Seeßlens erfüllt Horror keineswegs lediglich die Funktion, zu erschrecken und zu verstören. Eine wesentliche Errungenschaft von Horrorfiktion bestehe vielmehr darin, Ängsten eine konkrete Form zu verleihen. Dies ermögliche ein Gefühl von Kontrolle – „das Grauen erhält ein Gesicht, das Chaos eine Form"[22].

Aus den wenigen sich wiederholenden Motiven und einander ähnelnden Abläufen sowie dem Bestrafen von ,Fehlverhalten' ergibt sich eine gewisse „Ordnung der Perversionen"[23]. Anders als vergleichsweise im Traum ist diese bereits „Teil der Bannung"[24].

Neben indirekter Auseinandersetzung mit ungelösten Konflikten, wenn diese in Bilder und Handlungsabläufe übertragen werden, ist damit einhergehend zentraler Inhalt des Genres die „Demaskierung" des Bösen, also weniger seine Auslöschung an sich (ohnehin unmöglich) als vielmehr dessen Sichtbarmachung[25].

Im modernen Horror (ein Konzept, das sich mit dem oben von King genannten des „neuen Horror" [vgl. S. 27] zu überschneiden, aber nicht mit diesem identisch zu sein scheint – tatsächlich benennt Seeßlen King als denjenigen, der diesen von Seeßlen selbst so bezeichneten modernen Horror erst ins Leben ruft bzw. abbildet: „Wirklich moderner Horror entsteht wohl erst (und auch nicht prinzipiell und umfassend) mit Stephen King, nämlich aus einer genauen Beschreibung eines sehr realen sozialen und familiären Hintergrunds heraus und einer Kenntnis seiner Mechanismen."[26]) spiegelt sich somit der Schrecken, der ausgeht vom Mitmenschen. Wenn im klassischen eine von außen kommende oder fremdartige Instanz angsteinflößend war, ist nun der Mensch selbst in der gestörten Beziehung zu seiner Umwelt das Monster[27].

Anhand der Filme George Romeros zeigt Seeßlen, wie durch die Zombies, die wie eine Plage über Amerika herfallen, das Gegenwärtige, Reale der Ereignisse in den Vordergrund rückt. Die Bedrohung geht nicht, wie in der *Gothic*-Fiktion, von Verstrickungen mit der Vergangenheit aus. Die Menschen im modernen Horror müssen sich vielmehr mit Schrecken befassen, die aus der Gegenwart entstehen, nun infolge mangelnder Auseinandersetzung mit der Vergangenheit sowie ihrer Unfähigkeit, „ein Projekt des Humanismus, von Brüder- und Schwesterlichkeit, zu verfolgen"[28].

Die scheinbar äußere Gefahr kommt tatsächlich von innen – „wir sind die Zombies"[29].

Fast hundert Jahre zuvor sieht, wie der Anglist Clive Bloom anführt, einer der Urväter der modernen Horrorfiktion, H. P. Lovecraft (1890–1937), durch den übernatürlichen Horror im Menschen etwas angesprochen, das vergleichbar, jedoch nicht identisch sei mit dem Unterbewusstsein. Es handele sich um ein „‚verlorenes' evolutionäres Entwicklungsstadium", dessen „archaische Überbleibsel [...] aus psychologischen Tiefen"[30] auf die Leser/innen von Horror und *weird fiction* wirkten.

In der Folge traf Lovecraft die erste analytische Unterscheidung hinsichtlich verschiedener Spielarten des Genres, indem er einfache ‚Horrorschocker', die eher darauf abzielten, durch formalisierte Effekte lediglich zu unterhalten, abhob von derjenigen Horrorfiktion, die den von ihm beschriebenen Effekt als Voraussetzung für eine Art Bewusstseinserweiterung auslösen würde.

Wie John Edward Martin Lovecrafts Konzeption von Horror zusammenfasst, handelt es sich um „eine primitive Angst vor dem Unbekannten, oder was er das ‚Gefühl des Außenstehens' nennt"[31].

Letzteres folge aus Reflexionen über die Realität, deren unermessliche Weite dadurch immerhin erahnt werde. Diese Erkenntnis löse Gefühle der Unverbundenheit und des Alleinseins aus, was Angst vor Kontrollverlust gegenüber nicht greifbaren äußeren Kräften ebenso mit sich bringen kann wie die davor, tatsächlich isoliert zu sein – „unser Gewahrwerden dieses 'Außenstehens' ruft eine tiefgründige Erfahrung existenziellen Horrors hervor"[32].

Dem entgegenwirkend würden laut Martin auf persönlicher wie gesellschaftlicher Ebene Systeme von Sinn und somit scheinbarer Ordnung erschaffen – individuell ein als stimmig wahrgenommenes, nichtsdestoweniger konstruiertes Bild der eigenen Identität; gesellschaftlich abstrakte Gebilde wie Religion oder Nation. Horror entstehe ebendann, wenn die Grunderwartungen von Sinn, Sicherheit und Kontrollierbarkeit erschüttert werden[33].

Oder wie Stephen King es formuliert: „Horror ist gegensätzliche Emotion zu unserem Verständnis aller Dinge, die gut und normal sind. Ohne ein Konzept von Normalität gibt es keinen Horror."[34]

Um entsetzenerregende Gefühle des Außenstehens, von der Welt verlassen zu sein, literarisch zu erzeugen, erdachte Lovecraft Begegnungen mit dem absolut Fremdartigen – archaischen außerirdischen oder satanischen Kreaturen, die in ihrer Herkunft auch räumlich oder zeitlich in größtmöglichem Abstand zur erzählten Welt stehen.

Eingedenk Lovecrafts nennt Clive Bloom eine Stelle aus Bram Stokers Roman DRACULA als Beispiel für Horror, der entsteht aus der Konfrontation mit dem absolut anderen. Auf den Graf übertragen führt Bloom diesbezüglich eine Stelle an, in der jener kopfüber die Wand seines Schlosses hinunterkriecht und dabei von seinem Gefangenen Jonathan Harker beobachtet wird.

Was hier Horror auslöst, bei Harker wie bei den Lesenden, hat Bloom zufolge nichts zu tun mit Freuds Konzept des Unheimlichen (eine in der Genreforschung zu Horror und *Gothic* verbreitete Konzeption, nach der das Unheimliche etwas Bekanntes, jedoch Unterdrücktes ist, das bei Konfrontation aus diesem Grund ängstigend wirkt[35]).

Der Horror in dieser Szene entfalte vielmehr seine Wirkung durch die Fremdheit dessen, *„was nicht sein kann"*[36].

Bloom liest das Geschehen entsprechend als Darstellung einer *„absolute* difference"[37] mit dem kosmischen Horror H. P. Lovecrafts.

Im Zwischenmenschlichen entsteht das Empfinden von Fremdartigkeit und daraus folgender Isolation und Verlassenheitsangst im Zusammenspiel damit, dass eine entsprechende Situation als Störung der eigenen Identität erlebt werden kann. Selbstwahrnehmung ist von Rückwirkung durch andere mitbestimmt, und so irritiert in dem Moment, in dem Resonanz ausbleibt, etwa aufgrund absoluter Unterschiedlichkeit oder eines Mangels an Empathie des Gegenübers, diese als verunsichernd empfundene Barriere das Gefühl der eigenen Selbstkonzeption.

Solche Erfahrungen stellen eine Erschütterung der Grundannahmen von Sicherheit und Berechenbarkeit wie mit Martin beschrieben dar und sind damit geeignet, im schlimmsten Fall Horror auszulösen – ausführlicher eingegangen wird hierauf im Kontext von Narzissmus zu Beginn von Kapitel 5.

Absoluter Schrecken ist das Wesen des Gefühls, das dem Horrorgenre seinen Namen gibt und allein mit Worten kaum zu vermitteln ist. In der Fiktion wird es nicht beschrieben, sondern ausgelöst, um es erlebbar und als Emotion kontrollierbar zu machen.

Horror beim Lesen von Kings Geschichten geht aus von Begegnungen mit übernatürlichen Monstern, jedoch mindestens ebenso von den mit menschlichen. Kings Inszenierungen unnahbarer Antagonisten sind vergleichbar mit Lovecrafts kosmischem Horror, wenn die Unzugänglichkeit des anderen höchst bedrohlich wirkt und damit Gefühle von Verlassenheit und Entfremdung ausgelöst werden. Auch, oder vielleicht sogar gerade, im Kontakt mit dem Mitmenschen kann ohne Verbindendes der Eindruck von Fremdheit entstehen. Von King selbst wurde als zentraler zeitgenössischer Inhalt der Horrorfiktion explizit Narzissmus genannt, und hier fallen sein moderner und Lovecrafts kosmischer Horror zusammen:

Narzissmus beruht auf einer Selbstfixierung, die so ausgeprägt ist, dass das Gegenüber nicht in seiner Eigenheit und Daseinsberechtigung wahrgenommen wird[38]. Mit der Unterschiedlichkeit des anderen kann nicht umgegangen werden im Zuge der Unfähigkeit oder des Unwillens zur hierfür nötigen authentischen Empathie[39].

Die Konfrontation mit jemandem mit einer solchen Persönlichkeit kann strukturell übereinstimmen mit einer mit dem elementar Fremden – die Gemeinsamkeit eines Graf Dracula und des menschlichen Narzissten liegt in ihrer jeweils absoluten unüberwindbaren emotionalen Unerreichbarkeit im Umgang mit dem Gegenüber.

Die Kondition, die als Narzissmus bezeichnet wird, folgt aus der Negierung psychischer Grundbedürfnisse in früher Kindheit[40] und somit aus der Verletzung persönlicher Grenzen.

Aufgrund der Funktion der Grenze, zu definieren und dadurch Gefühle von Sicherheit, Ordnung und Berechenbarkeit entstehen zu lassen, kann eine derartige Störung traumatisierend wirken. So entspricht bereits mangelnde Einfühlung einer destruktiven Verhaltensweise, wodurch bei übermäßiger Ausprägung dieser negativen Erfahrung (einer scheinbar unüberwindbaren Grenze zum Gegenüber) narzisstische Züge hervorgerufen werden können.

Dies macht sich später bemerkbar (ausführlicher auch hierzu in Kap. 5), indem Narzissmus sich mit auszeichnet durch missbräuchlichen Umgang mit Grenzen[41].

Deren Verlässlichkeit ist jedoch so notwendig für das Gefühl von Sicherheit wie ihre Verletzung eben aus diesem Grund horrend wirkt[42]. In der Horrorfiktion wird dies aufgegriffen durch die permanente Inszenierung von

Grenzverletzungen – als zentraler Teil des Genres werden Grenzen gezielt überschritten in Form von Psychoterror, Folter, Mord.

Was Lovecraft niederschrieb, um Horror auszulösen, sind momenthafte Ahnungen der Unermesslichkeit von Realität und damit abstrakte Darstellungen der *absoluten Abwesenheit* von Grenzen als ängstigend.

Zudem präsentierte er die Begegnung mit dem elementar anderen und damit die *Konfrontation mit einer unüberwindbaren* Grenze – aufs Zwischenmenschliche übertragen:

Ersteres Ausdruck möglicher Auflösung oder Verschmelzung und damit Eliminierung bestätigender Grenzen; Letzteres Negation von Empathie und Resonanz als angsterzeugende Unerreichbarkeit des Gegenübers.

Aus beiden Varianten der Nichtbeziehung können Gefühle entstehen, allein zu sein, abgeschnitten von anderen, in der vermeintlichen Nichtigkeit der eigenen Existenz gefangen, oder bedroht zu sein von der Unsicherheit der eigenen Identität, da diese keinen Anhaltspunkt findet im Außen, wenn Austausch mit dem anderen nicht möglich ist, entweder durch dessen Auflösung, versuchte Vereinnahmung oder seine Unzugänglichkeit.

Die dem Narzisstischen immanente Gleichgültigkeit[43], gerade im Rahmen einer (scheinbaren) Beziehung, entspricht einer unüberbrückbaren Grenze, die hierdurch verstört und vergleichbar geeignet ist, Gefühle von Isolation und Abgeschnittenheit hervorzurufen:

„Spalten, der Versuch, die Welt zu kontrollieren, indem er sie klar aufteilt in gut und schlecht, ist, was ein Narzisst tut, wenn er kalt wird, und weshalb er so beängstigend ist: Er hat beschlossen, dass du böse bist, oder nicht mehr in dem Bereich der Menschen, die mit ihm sind, die sein Selbstbild füttern, und deshalb bist du gegen ihn."[44]

Der scheinbar Vertraute wendet sich ab, wird fremd, es folgen Gefühle des Alleinseins, der Abgeschnittenheit und damit des Nichtexistierens, nicht wahrgenommen zu werden: Gefühle des Horrors, wie mit Lovecraft beschrieben.

Somit entstehen nicht von ungefähr viele der schrecklichsten Szenen in Kings Geschichten aus dem Verhalten menschlicher Monster – interpersoneller Austausch beruht auf konstruktivem Umgang mit bestehenden, jedoch durchlässigen Grenzen, deren Verletzung zentrales Moment für das Auslösen von als schrecklich empfundenen Emotionen – Horror – ist und einer Beschädigung von wie auch immer gearteter Beziehung entspricht, die wiederum Grundlage ist für die individuelle Identität, die psychische Dimension der Existenz.

Stephen King bezeichnete die Angst, die hinter allen anderen steht, als Angst eigentlich vor dem Tod. Tatsächlich kommt das Negieren des Gegenübers dessen ‚Tod' auf Ebene seiner Selbstwahrnehmung gleich[45], da diese in Wechselspiel und Abgleich mit Reaktionen des Umfelds flexibel mitentsteht – mangelndes In-Beziehung-Setzen entspricht auf emotionaler Ebene der Ablehnung des anderen in seinem Bedürfnis nach (An)erkanntwerden.

Entgegengebrachte Resonanz wiederum ist entsprechend elementar für die Selbstkonstruktion.

So ist die im Narzissmus angelegte Abwehr bzw. versuchte Vereinnahmung des Gegenübers geeignet, Horror auszulösen als Reaktion auf die Verweigerung, den oder die anderen in ihrer Eigenheit zu erkennen und damit in ihrer Existenz zu bestätigen.

Horror aus Narzissmus folgt aus dem Empfinden der Weigerung, gesehen zu werden.

Zentrale Thematik von *Gothic*- ebenso wie von Horrorfiktion ist die Grenzüberschreitung.

Horror entsteht dabei aus Grenzverletzung – das Moment der angsteinflößenden, unüberwindbaren wird mit dem der verletzten Grenze kombiniert und damit das Gefühl existenzieller Bedrohung auf physischer ebenso wie psychischer Ebene ausgelöst.

Gothic dagegen hinterfragt ergebnisoffen, welche Grenzen gerechtfertigt sind.

Stephen King modernisiert nicht nur, wie vor ihm Shirley Jackson und andere Autor/inn/en, die amerikanischen Traditionen, indem er klassische Motive, Strukturen und Inhalte aufgreift und einen Bezug zu seiner Alltagswelt herstellt.

Seine Texte interpretieren auch auf gleichem Wege die *New American Gothic* neu, mit ihrem Fokus auf Narzissmus, die er wiederum mit Elementen der klassischen *Gothic*-Fiktion ebenso wie mit denen modernen Horrors verbindet.

Bestimmend für diese Art der Horrorfiktion ist die Konzeption des Mitmenschen als Monster, dessen erkennbar gemachte Eigenschaft als solches[46].

In jener zeitgenössischen Form wird der allgegenwärtige Horror narzisstischer Prägung zum Paradigma.

In *DANSE MACABRE* befasst sich King theoretisch mit Horror und *Gothic*. In der Fiktion selbst jedoch wird ein gänzlich anderer, emotionalerer Zugang zu den Inhalten möglich als über den Metatext.

Kings Prosa zeichnet sich, wenn auch nicht immer, aus durch sein Verbinden von Horror und *Gothic*. Hieraus ergibt sich, entsprechend den diesen Formen jeweils eigenen Merkmalen, eine potenziell intensive Leseerfahrung.

So können die Effekte der Horrorfiktion emotional tief berühren, ohne zwangsläufig die reduzierte Weltsicht des Horrors – Gut gegen Böse – zu transportieren, wenn Letztere relativiert wird, indem Vereinfachung und die eindrücklichen Impulse der Horrorfiktion auf die im Kontrast dazu Uneindeutigkeit herstellende *Gothic*-Form treffen, mit der Bewertungen hinterfragt werden und die hierdurch einer Exklusivität beanspruchenden Auslegung von ‚Wirklichkeit' entgegensteht.

Ein zentrales vermittelndes Element zwischen Romanwelt und Realität ist die Figur – sie fungiert als Projektionsfläche für Autor/in wie Leser/in zugleich, geprägt durch die Formalien des Genres.

In Kapitel 1 wurde angeführt, wie King an seinen Charakteren am wichtigsten ist, ihre inneren Beweggründe, ihr ‚Herz' zu kennen.

So deutet er, anders als es seiner sonst eindrucksvollen Darstellungsweise entspricht, das Äußere der Figuren bei ihrer Einführung lediglich an und überlässt die visuelle Ausgestaltung der Phantasie der Leser/innen. Er vertrete nicht die Ansicht, „dass physische Beschreibung eine Abkürzung zum Charakter sein sollte"[47].

Die Figuren werden entsprechend im Lauf der Handlung wie nebenbei durch Abbilden von für sie bedeutenden Stationen ihres Lebens und den mit diesen verbundenen Gefühlen charakterisiert, durch Begegnungen oder eigene Erinnerungen. Sie sind angelegt als Produkt ihrer Vergangenheit, was teils deterministischen, teils erklärenden Charakter hat.

Der Fokus liegt auf ihren inneren Vorgängen. Diese haben einen hohen Stellenwert für die Handlung, da die zugehörigen Reflexionen oft den Ausschlag geben für Verlauf und Ausgang der Ereignisse.

Die Genres sind Rahmen ihres Handlungsspielraums. Was erwartet würde in Bezug auf Plot oder Setting, gilt auch für das Verhalten der Figuren, über dieses wird das Genre, dem sie dadurch zugerechnet werden, teils erst mitgeneriert.

Sie sind somit auch zentral für die Erzeugung der Grundlage des Horrorgenres – das Gefühl existenzieller Angst. Mit den Menschen in den Geschichten wird der Horror geteilt, den sie spüren; um sie wird gebangt, als ob man selbst in ihrer Situation wäre. Sie sind in der Rolle des ,Opfers' und dienen damit als Auslöser für so widersprüchliche Empfindungen wie Mitgefühl und zugleich die Erleichterung, nicht selbst betroffen zu sein.

Zuletzt treten sie auch als Held/inn/en in Erscheinung, mit denen sich identifiziert wird, in der Horrorfiktion im Widerstand gegen das Böse.

In einer weiteren Funktion sind jedoch sie auch diejenigen in Kings Prosa, die schreckenserzeugend wirken – die menschlichen Monster seiner Geschichten.

Was in der Beziehung zu anderen Gefühle von Horror auslösen kann, ist destruktiver Umgang mit den Grenzen einer Person, wenn jene mittels physischer oder psychischer Gewalt verletzt werden.

Nur einer Spielart psychischer Gewalt entspricht etwa der Versuch unerwünschter Verschmelzung als Überschreitung und damit Eliminierung einer individuellen persönlichen Grenze, wie oben ausgeführt.

Auch der Gegenentwurf hierzu – Unnahbarkeit, Desinteresse und Empathielosigkeit – wirkt potenziell verstörend.

Lovecraft übersetzte Horror in literarische Bilder anhand seiner Inszenierungen kosmischer Unendlichkeit (und somit Absenz jeglicher Grenzen) oder größtmöglicher Andersartigkeit als unüberwindbar erscheinende.

Stephen King dagegen zeigt Abgeschnittenheit von anderen auch im Kontrast zu eigentlich vorhandener großer emotionaler Nähe, besonders dann, wenn er sie innerhalb der Familie platziert – sie wirkt damit ungleich horrender.

In *SHINING* liegt dieser existenzielle Schrecken darin, dass sich Vater und Ehemann Jack Torrance in der absoluten Abgeschiedenheit eines heimgesuchten Berghotels gegen Frau und seinen fünfjährigen Sohn wendet.

Das Böse in diesem Roman geht originär aus von der Energie des Overlook-Hotels, oder vielmehr vom Bösen Ort, an dem es erbaut wurde. Sein Geist ergreift zunehmend Besitz von Jacks Psyche, was in Kings Konzeption deshalb möglich ist, weil Jack es zulässt. Das Hotel treibt ihn dazu, seinen Sohn zu töten, damit dessen Energie, sein

‚Shining', der Energie des Overlook hinzugefügt werden kann.

Könnte es sich Dannys selbst bemächtigen, müsste es nicht durch Jack versuchen, ihn zu ermorden. Jedoch Danny, mutmaßlich Kings Idee von der Unschuld der Kindheit folgend, ist für die energetische Manipulation durch das Hotel nicht auf gleiche Weise zugänglich wie Jack.

So bestehen die Effekte von Horror in *SHINING* zunächst in Schockmomenten übernatürlicher Art, wenn etwa die Frau in der Badewanne aus Zimmer 217 (im Zustand fortgeschrittener Zersetzung) versucht, Danny zu strangulieren.

Vor allem aber löst es Entsetzen aus, bei den Leser/inne/n gemeinsam mit Danny, dem unmenschlichen, empathielosen bösen Geist des Overlook-Hotel ausgesetzt zu sein und von ihm verfolgt zu werden im Körper der meistgeliebten vertrauten Person, des Vaters. Jack versucht, die ultimative einem anderen Menschen gegenüber mögliche Grenzüberschreitung zu vollziehen, als er seinen Sohn mit einem Krocketschläger erschlagen will.

Hierin verbindet und verstärkt sich zum einen die Grenzüberschreitung der Gewaltausübung mit zum anderen der unüberwindlichen Barriere gegenüber Danny im Zuge von Jacks emotionaler Unerreichbarkeit.

Es ist diese Form des Schreckens, die so alltägliche wie zerstörerisch wirkende Gewalt in der Familie, womit sicher einige von Kings Leser/innen persönlich etwas verbinden, und hier trifft der fiktionale auf den realen Horror und entfaltet seine Wirkung aus dem Bekannten.

Kings Texte beruhen jedoch weder lediglich auf plakativem noch ausschließlich subtilem Horror.

Vielmehr lassen sich mit Heidi Strengell die literarisch bedeutsamen Genres, die er in seiner Prosa vereint, als Ausdruck seiner Weltanschauung sehen; dabei seien vor allem *Gothic* und literarischer Naturalismus die Traditionen, die Kings gesamtes Schreiben prägen.

Als klassische *Gothic*-Elemente, die sich dort finden, nennt Ben Indick, um nur einige anzuführen, etwa den Geist, das heimgesuchte Haus und den Vampir, abstrakter das im Menschen angelegte Böse, Exzess und Angst[48]; Tony Magistrale atmosphärische Settings wie die tiefen Wälder Maines sowie die Umgebung als solche als Spiegel der Hauptfigur[49].

James Egan hebt Schuld, Wahn, die „Jungfrau in Nöten" hervor, Neurotizismus und Besessenheit, das „Unbekannte, die Irrationalität und Unvorhersagbarkeit der menschlichen Psyche sowie die moralische Realität von Gut und Böse"[50]. Auch er weist auf die Bedeutung hin, die die aufgehobene Trennung zwischen Realität und Anschein für King ebenfalls hat.

Für Strengell ist *Gothic* ein elementarer Anteil an Kings Prosa, der sich als zentrale Überlagerung mit dem Naturalismus in einem das Werk durchziehenden Determinismus manifestiert.

Letzterer (von ihr in vier Kategorien eingeteilt) äußere sich in der *Gothic*-Fiktion in Form von Verstrickungen mit der Vergangenheit, Schicksalshaftigkeit und instinktgetriebenen Handlungen[51]; im Naturalismus vergleichbar in einer übermächtigen Prägung des zu moralischem Urteil fähigen Individuums, hier allerdings durch Umwelteinflüsse und Vorgaben der Lebenswelt. Zudem nennt sie Kings „nationales, puritanisches Erbe" in Verbindung mit „persönlichem Interesse"[52] als seine religiösen Vorstellungen bedingend.

Jene Verknüpfung verschiedener Genres und literarischer Strömungen in Kings Prosa lässt sich nicht sauber auseinanderdeklinieren, vielmehr handelt es sich um Überlagerungen, die Relativierung oder auch Spannungen und Verstärkungen erzeugen können.

So wird in *SHINING* der Effekt des Horrors, der ausgeht von der emotionalen Unerreichbarkeit des nahen und doch so weit entfernten Aggressors Jack Torrance, noch gesteigert durch das *Gothic*-Setting des abgelegenen modernen Spukschlosses, des Overlook-Hotel, das, verfolgt von seiner gewaltvollen Vergangenheit, weitab von der Zivilisation in den Bergen Colorados thront und dadurch Danny und Wendy Jacks Raserei umso mehr ausliefert.

Wenn die Bedeutung des Horrorgenres für die Zeichnung der Charaktere hauptsächlich auf emotionaler Ebene gelagert ist, entspricht es der *Gothic*-Fiktion eher, ihre Vorbedingungen aufzugreifen, das sich daraus ergebende Verhalten und das Nachvollziehen widersprüchlicher innerer Prozesse, die zu ihm führen.

Jack ist die klassisch tragische *Gothic*-Hauptfigur[53], getrieben von Mächten, die stärker sind als er selbst, innerlich zerrissen zwischen der Liebe zu seiner Familie und seinem Geltungswahn. Ist sein schreckliches Ende unausweichlich? Bereits der weite Weg, den die Familie auf sich nehmen muss, um zu seiner neuen Wirkungsstätte zu gelangen, kann gelesen werden als Jacks unbedingter Wille, als Entscheidung für den Verlauf, den die Dinge am Ende nehmen.

SHINING ist aber auch *New American Gothic*, und diese Form überlagert sich im Roman mit der klassischen *Gothic*-Form – das Overlook-Hotel ist nicht nur abgelegenes Spukschloss, sondern auch Mikrokosmos; das Gefängnis, das die innere Gefangenschaft Jack und Wendys in Verstrickung mit ihrer jeweiligen Herkunft spiegelt.

Jack ist leicht zu sehen als Narzisst der *New-American-Gothic*-Fiktion, dem es nicht gelingt, trotz der bestehenden emotionalen Bindung zu seiner Familie sich mit ihr gemeinsam der Macht des Hotels zu entziehen. Die besondere Form des Horrors, der von ihm ausgeht, ist das auf sich selbst fokussierte Dasein des Narzissten und dessen missbräuchlicher Umgang mit seinem Umfeld.

Die hiermit verbundene Endlosspirale von Gewalt wird in Kings Prosa abgebildet, wenn nicht zur Veränderung gewillte oder fähige Charaktere damit die Verhältnisse perpetuieren – die selbst gemachten gewaltvollen Erfahrungen in der eigenen Familie zu reproduzieren ist die Reise in ihrer neuen Form, Irving Malins narzisstischer Kreislauf des Missbrauchs.

Es schließt sich wiederum der Kreis zurück zum Horror, wenn das für die Horrorfiktion zentrale Moment des gewaltvollen Umgangs mit Grenzen ebenfalls konstitutiv ist für das Wesen von Narzissmus und sein literarisches Pendant findet in der *New American Gothic*.

King beschränkt sich jedoch nicht darauf, den Horror des Dysfunktionalen lediglich abzubilden.

So sieht Strengell als eine der zentralen Spannungen des Werks[54] den inneren Widerspruch zwischen dem aus *Gothic* wie auch aus literarischem Naturalismus hervorgehenden Determinismus und dem die Texte ebenfalls prägenden freien Willen, über den Kings Figuren eindeutig verfügen.

Dass äußere Umstände ungerecht und erdrückend sein mögen, befreit nicht von der Verantwortung, zumindest zu versuchen, das Unrecht zu beseitigen – aus der Existenz des freien Willens ergibt sich vielmehr Verantwortlichkeit für das eigene Tun[55].

Mittels ihres Einstehens für sich und andere gelingt es Kings Protagonist/inn/en, den sie herausfordernden Bedrohungen zu entkommen mit dem Glauben an sich selbst, an ‚das Gute' und aus einem Verantwortungsgefühl für die Gemeinschaft heraus – ein Sieg, der durch die Entscheidung hierfür und Willenskraft erkämpft werden muss.

Diese Vorstellung von Freiheit in Gedanken in Gegenüberstellung zur Determinierung durch äußere Umstände reflektiert Stephen King durchgehend und setzt sie verschiedentlich ausgearbeitet um.

Das (nicht zuletzt auch als religiös ansehbare) Moment des freien Willens eröffnet seinen Figuren ein weitestmögliches Spektrum an ‚guten' und ‚schlechten' Entscheidungen in den Extremsituationen, in die er sie versetzt.

Einhergehend mit dem Ineinanderblenden verschiedener literarischer Formen sind diese eben nicht an bestimmtes Handeln im Rahmen der Gegebenheiten eines jeweiligen

Genres gebunden und entsprechend frei, ohne Vorgaben ihren ‚eigenen' Entscheidung zu folgen. So kann sich Carrie White über die Fährnisse realen Highschool-Horrors hinwegsetzen, indem sie sich unter Zuhilfenahme ihrer übernatürlichen Fähigkeiten, ihr quasi verliehen durch Kings Aufgreifen von Fantasy-Elementen[56], gegen ihre Peiniger zur Wehr setzt. (Ihre Möglichkeit, sich verteidigen zu können, nutzt sie allerdings höchst destruktiv.)

Die Negierung der eigenen Freiheit, mit der Verantwortung einhergeht, wird im Roman MR. MERCEDES (2014) mit Brady Hartsfield als willkürlich demaskiert, wenn dieser sinniert über die Ungerechtigkeit der Welt, die ihn praktisch zu seinem Dasein als Massenmörder treiben würde – „kann es ihm angelastet werden, dass er die Welt angreift, die ihn dazu gemacht hat, was er ist? Brady denkt, nicht."[57] Zwar wird im Lauf des Romans anhand von Ereignissen in seinem Leben nachgezeichnet, weshalb er fraglos nicht die besten Voraussetzungen hatte, sich zu entwickeln. Dennoch lässt King seine so trotzige wie desinteressierte Kontemplation, in der Hartsfield jeglichen eigenen Anteil für seine Lust am Töten an die Welt abgibt, für sich sprechen.

Oft jedoch auch, oder gerade, wenn die Chancen, tatsächlich am Ende zu bestehen, kaum vorhanden sind, treffen seine Figuren die ‚richtige' Entscheidung, selbst wenn sie dafür vielleicht den höchsten Preis zahlen müssen.

Im Roman DIE AUGEN DES DRACHEN (1983) etwa, den King für seine derzeit zwölfjährige Tochter Naomi schrieb, überdenkt der unrechtmäßig eingekerkerte König Peter seine Situation: „In der siebten Nacht kam Peter zu diesem Ergebnis: Es war besser, es zu versuchen, als es nicht zu versuchen; besser sich anzustrengen, das Falsche zu berichtigen, selbst wenn er bei dem Versuch sterben würde. Eine Ungerechtigkeit war begangen worden. Er entdeckte eine seltsame Sache – der Fakt, dass die Ungerechtigkeit *ihm* gegenüber begangen worden war, erschien halb so wichtig wie der Fakt, dass sie überhaupt begangen worden war. Sie sollte berichtigt werden."[58]

Aus diesem moralischen Urteil heraus trifft Peter die Entscheidung, aus seinem Gefängnis zu fliehen auf Grundlage eines lebensgefährlichen Plans, der Jahre der Vorbereitung bedarf – um das Unrecht zu berichtigen.

So liegt in Stephen Kings Horror und zuletzt durch diesen die Voraussetzung für das schlimmstmögliche ebenso wie bestmögliche Verhalten – dem urbösen Psychopathen oder Dämon stellt sich der opferbereite Held entgegen.

Tatsächlich sind einige seiner Hauptfiguren entweder nur gut oder nur böse – Mother Abagail vs. Randall Flagg in THE STAND (1978) –, andere jedoch, menschlicher, zum gesamten Spektrum der zugehörigen Verhaltensweisen fähig, mit allen entsprechenden inneren Konflikten. Damit verkörpern sie realitätsnah sowohl den Horror, den eine Person in der Lage ist, in einer anderen auszulösen durch Misshandlung und Mordlust, als auch dessen Gegenteil – das Ideal des empathischen Gegenübers, das sich im Extrem auch mit dem eigenen Leben für das der anderen einsetzt; ein Opfer, das aus freiem Willen ungleich höheren Wert hat als vorprogrammiert.

Bei allem in Kings Schreiben unübersehbaren Vorbehalt gegenüber der Qualität menschlicher Beweggründe besteht immer noch eine letzte Hoffnung, dass sich zum Guten bekannt wird. Seinen positiv gezeichneten Figuren gelingt es, sich über die negativen Impulse oder Prägungen ihres Umfelds hinwegzusetzen, sie zu überwinden und mit ihrer Haltung zuletzt das Böse zu besiegen. Dies erfolgt aus freier Entscheidung, zu der teils erst durch einen schmerzhaften Entwicklungsprozess gelangt werden kann, wie etwa Larry Underwood in THE STAND oder John Marinville in DESPERATION (1996) es durchleben, oder, aktueller, Holly Gibney, die weniger mit einem defizitären Charakter geschlagen ist, als vielmehr allerlei psychische sie einschränkende Hemmschwellen als Folge aus der Beziehung zu ihrer narzisstisch anmutenden Mutter überwinden muss, um zu ihrem Potenzial zu finden (Bill-Hodges-Trilogie, DER OUTSIDER, IF IT BLEEDS).

Dadurch dass Kings Held/inn/en Alltagscharaktere sind, legt er seinen Leser/inne/n nahe, dass auch jede/r von ihnen dazu in der Lage ist, über den eigenen Schatten zu springen, wenn er oder sie es *will*.

So ist sein Menschenbild, an der einen Stelle skeptisch bis pessimistisch, in seinem Ideal eben ein solches[59].

Der folgende Abschnitt befasst sich eingehender mit dem, was seine Figuren ‚dem Bösen‘ entgegenzusetzen haben.

ÜBERWINDUNG DER GRENZE

Burton Hatlen, Kings ehemaliger Dozent an der University of Maine, sieht als eine seiner zentralen Leistungen die

„Bereitschaft, sich das schlimmste, schrecklichste Ding auszudenken, das er sich vorstellen kann"[60]. Denn aus Horror erwächst auch der Wille zu seiner Überwindung, und damit entsteht eine ungeahnte positive Kraftanstrengung. Durch die Präsenz des Schreckens, der besiegt werden muss, wird eine Gegenkraft erzeugt:

„Im Anerkennen all der Kräfte in und außerhalb von uns, die unsere Menschlichkeit angreifen, feiern Kings Romane auch gleichzeitig unsere Menschlichkeit"[61], und ‚menschlich' zu sein bedeutet für Hatlen, gerade hierdurch in Verbindung zu stehen mit den Mitmenschen.

Neben dem Sichtbarmachen des Schrecklichen, durch dessen Abbilden, zeigt Stephen King in seinen Romanen zugleich die Möglichkeit, ihm entgegenzutreten. Die Motivation hierfür beruht auf den miteinander verknüpften Konzepten Liebe und, als deren mögliche Ausdrucksform, Kommunikation.

Inszenierungen von beidem, der Verbindung zwischen Menschen – der stärksten Kraft –, sowie Darstellungen vom Horror des Trennenden, das Böse demaskierend, werden das Werk prägend einander gegenübergestellt.

Während im vorigen Abschnitt am Beispiel von SHINING die dysfunktionale Beziehung als *New American Gothic* präsentiert wurde, interessieren im Folgenden die jener Form des Schreckens zugrunde liegenden kommunikativen Strukturen. Zuletzt wird der positive Gegenentwurf gezeigt, den King dieser Form menschlicher Abgründe setzt.

Beziehungslosigkeit wurde als mögliche Quelle tiefsten Schreckens bezeichnet – außenstehen, die gefühlte Unverbundenheit zu anderen, Lovecrafts kosmischer Horror übertragen auf das alltägliche Miteinander. Dabei kann es schwierig sein, missbräuchlichen Umgang in einer als positiv besetzten Verbindung auszumachen – diese Dynamik ist es, mit der sich Irving Malin in NEW AMERICAN GOTHIC vor allem auseinandersetzt, wenn er die Familie als so vorgestellten Ort der Sicherheit und des Wohlergehens, des eigentlich intensivsten Zusammenhalts zeigt als Quelle emotionaler Verwahrlosung, als narzisstischen Teufelskreis.

Stephen Kings Szenarien beinhalten verschiedentliche dysfunktionale Beziehungsentwürfe bis hin zu Abhängigkeitsverhältnissen, die statt einer Liebesbeziehung tatsächlich der Anpassung und Unterordnung auf der einen sowie dem Willen zur Beherrschung auf der anderen Seite entsprechen. Hierzu zählt etwa in CARRIE der Umgang von Chris Hargensen und Billy Nolan miteinander, die offenbar ein Geben und Nehmen von Sex und bedingt freiwilligen Gefälligkeiten verbindet, ausgehandelt zunehmend mittels verbaler Gewalt.

Weniger offensichtlich und erst im Verlauf der Handlung sichtbar wird die Verweigerung zu Kommunikation und respektvollem Miteinander in FRIEDHOF DER KUSCHELTIERE (1983).

Louis und Rachel Creed lieben sich, führen eine glückliche Ehe. Dann scheint ihr Leben zu zerbrechen durch den plötzlichen Tod ihres zweijährigen Sohns Gage. Die Ereignisse nehmen ihren fatalen Lauf, als Louis seine Frau belügt und aus dem Haus lotst, um seinen verstorbenen Sohn aus dem Grab zu holen, ihn auf der tief im Wald gelegenen verlassenen Indianergrabstätte zu verscharren und tot wiederkehren zu lassen, anstatt den Verlust zu akzeptieren und gemeinsam mit seiner Familie zu betrauern. Louis trifft diese Entscheidung allein, da er weiß, dass Rachel diese Tat niemals zugelassen hätte. In einem offenen Gespräch wäre es ihr vielleicht gelungen, ihn von seinem Vorhaben abzubringen.

Im Roman jedoch scheitert die Kommunikation, zumindest die über das zentrale Ereignis, den Tod von Louis und Rachels Sohn. Wo gegenseitige Anteilnahme, Sprechen und Zuhören und das Bedürfnis, das die ganze Familie betreffende Schicksal miteinander zu teilen, da sein sollten, brütet Louis allein über seinem Schmerz und ignoriert den seiner Frau, von der er genau weiß, wie sehr sie der Umgang mit dem Tod ohnehin belastet, und den seiner kleinen Tochter Ellie.

Der Horror der Geschichte liegt im Tod des zweijährigen Gage, ebenso aber in der versagten Fürsorge in der Folge dieses Ereignisses – verweigerte Kommunikation ist Beziehungsabbruch, auch wenn dieser momenthaft sein mag. Jene Form realistischen Horrors überzeichnet King zuletzt durch die splatterhaften Konsequenzen, die im Roman daraus entstehen.

Das Verwehren emotionaler oder zumindest pragmatischer Verbindung mit anderen in seiner Welt führt in die Katastrophe. Dagegen ist, wann immer die Charaktere, allein, zu zweit oder zu mehreren, in lebensbedrohliche Situationen geraten, konstruktiv miteinander umzugehen, aufeinander bezogen zu sein, was sie am Ende rettet.[62]

So prägen etwa im Roman ES stundendauernde Gespräche über die vergessenen Ereignisse der Vergangenheit einen großen Teil des zweiten, 1985 angelegten Erzählstranges – durch diese Unterhaltungen kommen die Bilder jener Zeit zurück, was die erwachsenen ‚Verlierer', die jegliche Erinnerung an ES verloren hatten, überhaupt erst in die Lage versetzt, ES erneut bekämpfen zu können.

Als etwas andere Darlegung diesbezüglich kann der Roman DAS SPIEL (1992) gesehen werden. In ihm ist die Hauptfigur Jessie tagelang allein mit Handschellen an ein Bett gekettet – die Kommunikation, die stattfindet, spielt sich in ihrem Bewusstsein ab. Sie stellt zum ersten Mal seit vielen Jahren die Verbindung her zu unterdrückten Anteilen ihrer selbst und entwickelt daraus die innere Stärke, sich aus ihrer aussichtslos erscheinenden Lage doch noch befreien zu können.

Im gesamten Werk finden sich zahlreiche Ausdrucksformen für diese Idee.

Lösungsorientierter Austausch ist zentral für den Verlauf der Geschichten und die im Mittelpunkt stehenden Beziehungen. Dabei handelt es sich oft um Kommunikation im weitesten Sinne, um, wie bei Jessie, die mental-emotionale Beziehung der Figuren zu sich selbst oder zu anderen.

Vergleichbar damit, wie King bis ins Innerste die Beweggründe seiner Charaktere nachzeichnet, geht er ebenso differenziert ein auf ihre Bezogenheit zu ihrer Umwelt und den Menschen in ihr. Einzelgänger, die bei oberflächlicher Betrachtung seinen fatal scheiternden Außenseitern wie Carrie White oder Harold Lauder ähnlich scheinen, können sich tatsächlich von diesen essenziell unterscheiden.

John Smith in *DEAD ZONE* etwa ist der einsame Held des Romans. Wenngleich er nicht mehr mit ihr zusammen ist, liebt er lebenslang seine einstige Freundin Sarah, der er einen Antrag machen will, bevor er infolge eines Unfalls fünf Jahre lang im Koma liegt. Als er mit neuen hellseherischen Fähigkeiten erwacht, ist Sarah verheiratet; er zieht sich in Abgeschiedenheit zurück und stirbt zuletzt bei einem Anschlag auf den Präsidentschaftskandidaten Greg Stillson, dessen Vernichtungswahn er voraussieht.

Auch wenn Johns eigener Lebensentwurf scheitert, fühlt er sich verantwortlich auf abstrakter Ebene für die Gesellschaft, die er vor einem psychopatischen Präsidenten retten will, und steht in Beziehung zu anderen im Geist und in seinem Herzen. Und obwohl die ans Bett gekettete Jessie Burlingame über fast den gesamten Roman hinweg die einzige Person ist, die überhaupt in Erscheinung tritt, setzt auch sie sich in Beziehung – nach langer Zeit wieder zu sich selbst.

Damit zeigt sich, dass King differenziert zwischen lediglich oberflächlichem Kontakt, etwa von Carrie und Tommy Ross, mit dem Carrie zwar zum Ball geht, während die beiden jedoch keine wirkliche Verbindung haben, und tatsächlicher Hinwendung und authentischem emotionalen Verhältnis zu sich selbst und zu anderen.

Letzteres, wie bei John Smith und Sarah Bracknell, scheint für ihn als Gefühl als solches realer als eine offiziell bestehende Beziehung, die tatsächlich auf Lügen und Verstellung beruht, etwa EINE GUTE EHE (2010).

Diese Konzeption innerlicher Zugewandtheit findet ihren stärksten Ausdruck, wenn seine Held/inn/en sich selbst opfern, aus dem Verständnis heraus, dass sie ihr Leben geben müssen, um andere zu retten[63] – wie John Smith es tut. Oder in seinem aktuelleren Roman DAS INSTITUT von 2019, wenn King dies abstrakter aufgreift, indem der zehnjährige Avery Dixon in mentaler Verbindung zu seinen Mitgefangenen auf dem Wege ihrer gemeinsamen psychogenen Fähigkeiten weitere, überall auf der Welt eingesperrte Telepathen ‚anruft‘. Hierdurch löst er die Revolution aus, die alle befreit, und stirbt selbst in den Ruinen des einstürzenden Instituts, in Frieden mit sich selbst und mit dem letzten Gedanken: „Ich habe es geliebt, Freunde zu haben.“[64]

Mentale Begegnung ist jedoch zumeist der beschwerliche Weg von Mensch zu Mensch, wie King knapp vierzig Jahre zuvor Vic Trenton in CUJO (1981) sinnieren lässt: „Was für ein monströser, absurder Overkill nötig war, um auch nur ein wenig zu bewerkstelligen.“[65]

Die Liebe ist der Antrieb, um den Weg zum anderen – die Kommunikation – auf sich zu nehmen.

So versucht im Roman IN EINER KLEINEN STADT (1991) der Dämon Leland Gaunt, die Verlobten Polly Chalmers und Alan Pangborn auseinanderzubringen, was er zunächst scheinbar erreicht – bezeichnenderweise ist ihre Trennung gekennzeichnet durch Schweigen und Missverständnisse, unausgesprochene Verdächtigungen. Zuletzt jedoch ist die Liebe zueinander und die Entscheidung für sie stärker. Als Einzige können die beiden, während die anderen Einwohner Castle Rocks sich gegenseitig bekämpfen, Gaunt, der all ihre Seelen stehlen will, durch ihren Zusammenhalt zurückschlagen.

Die Beziehung von Polly und Alan ist paradigmatisch für die von King regelmäßig gezeigte Hingabe unterschiedlichster Natur – sie ist in seiner Welt das, was sich dem scheinbar übermächtigen Bösen entgegensetzen lässt.

In FEUERKIND (1980) ist es die Liebe Andy McGees zu seiner Tochter, die Charlie am Ende rettet; an anderer Stelle die zum Guten, dafür, das Richtige tun zu wollen, wie König Peter in DIE AUGEN DES DRACHEN es empfindet, oder die freundschaftliche Verbindung der Verlierer in ES, die sie zusammenhalten lässt, um ES zu töten – wiederum aus Verantwortung den zukünftigen Kindern Derrys gegenüber.

Im Rahmen des Horrorgenres offenbart Stephen King bodenlosen Schrecken, zugleich aber auch die Kraft, die darin liegen kann, diesen überwinden zu wollen, oftmals im Kontext der zwischenmenschlichen Beziehung.

Das ideale Rollenverhalten, das er dabei vermittelt, beinhaltet nicht zuletzt jedoch auch eine politische Dimension.

So stellt er in ES der gewaltvollen Diskriminierung von Randgruppen und Schwächeren (ausgeübt von den Bewohner/inne/n der Stadt Derry und nicht durch ES, das sich jedoch durch deren Aggression und Ignoranz erst entfalten kann) menschlichen Zusammenhalt gegenüber, den der Mitglieder des „Losers Club". Ihre Freundschaft und Liebe zueinander, gepaart mit jeweiliger Eigenart, die durch Kommunikation überwunden wird, führen am Ende zum Sieg über ES.

Die ‚Verlierer' werden dargestellt als Individuen ebenso wie als funktionierender Verbund, der (nur) durch das Zusammenwirken seiner autark bleibenden Teile ausreichend Schlagkraft entwickelt, um ES eliminieren zu können.

Dass sie ihre Stärken vereint gegen ES einsetzen, unterstreicht die Bedeutung eines voneinander unabhängigen und dennoch sich harmonisch ergänzenden Miteinanders für das Funktionieren von Beziehungen – und, wie der logische Schluss wäre, von Gesellschaft:

King verdeutlicht indirekt die politische Bedeutung, die die Beziehung von Einzelnen zueinander haben kann, wenn diese kleine Gruppe von sieben Freund/inn/en auf beschriebenem Weg eine fundamentale Bedrohung ausschaltet – die konstruktive Beziehung im Privaten wird Grundlage für das Funktionieren des großen Ganzen.

Gemeinschaft, Austausch, Verantwortungsgefühl für andere und genuine Zuneigung können als Gegenentwurf zu destruktivem Narzissmus gesehen werden. Entsprechend bedeutsam sind diese Qualitäten auf interpersoneller wie gesellschaftlicher Ebene.

In Bezug auf die *Gothic*-Fiktion stellen deren Parameter ebenso die Kulisse struktureller Einschränkungen dar, wie sie zugleich im Zusammenspiel mit der Freiheit, sich über die Grenzen pauschaler Deutungsversuche hinwegzusetzen, die Notwendigkeit aufwerfen, die eigene Wahrheit zu definieren.

Hierdurch öffnet sich die Tür, mit dem Willen zu Selbstbekenntnis und Freiheit, zum Leben, dazu, sich dem Horror der dysfunktionalen Verbindung zu entziehen und zu authentischer Identität zu finden.

Auf diese Schnittstelle zwischen Fiktion und Realität, die Übertragung von Gelesenem in die Wirklichkeit der Lesenden, wird ausführlicher eingegangen in Kapitel 4.

[1] Bloom, Clive: *Introduction: Death's Own Backyard*. In: Ders. (Hg.): *Gothic Horror. A Reader's Guide from Poe to King and Beyond*. Macmillan Press LTD, London, 1998, S. 9.

[2] Clery, E. J.: *The Genesis of "Gothic" Fiction*. In: Hogle, Jerrold E. (Hg.): *The Cambridge Companion to Gothic Fiction*. Cambridge University Press, Cambridge, 2002, S. 21.

[3] Clery 2002, S. 24.

[4] Hogle, Jerrold E.: *Introduction*. In: Ders. (Hg.) 2002, S. 13; außerdem:
Seeßlen, Georg; Jung, Fernand: *Horror. Geschichte und Mythologie des Horrorfilms*. Schüren, Marburg, 2006, S. 93.

[5] Lloyd Smith, Allan: *American Gothic Fiction: An Introduction*. The Continuum International Publishing Group Inc., New York, 2004, S. 4 (meine Hervorh.).

[6] Lloyd Smith 2004, S. 79.

[7] Lloyd Smith 2004, S. 79.

[8] Lloyd Smith 2004, S. 117 (meine Hervorh.).

[9] Lloyd Smith 2004, S. 94.

[10] Lloyd Smith 2004, S. 34.

[11] Monnet, Agnieszka Soltysik: *The Poetics and Politics of the American Gothic. Gender and Slavery in Nineteenth-Century American Literature*. Ashgate Publishing Limited, Farnham, 2010, S. 8.

[12] Monnet 2010, S. 7, 8.

[13] Crow, Charles L.: *Preface*. In: Ders. (Hg.): *A Companion to American Gothic*. John Wiley & Sons, Ltd., Malden / MA, 2014, S. xviii.

[14] Malin, Irving: *New American Gothic* (1962). 3. Auflage. Southern Illinois University Press, Carbondale and Edwardville, 1968, S. 78.

[15] Malin 1968, S. 90.

[16] Malin 1968, S. 79.

[17] Malin 1968, S. 106.

[18] Monnet 2010, S. 6.

[19] Monnet 2010, S. 22–23.

[20] Vgl. Dieckmann, Eva: *Die Narzisstische Persönlichkeitsstörung mit Schematherapie behandeln*. Klett-Cotta, Stuttgart, 2011, S. 91, 98.

[21] Keesey, Douglas: *"The Face of Mr. Flip": Homophobia in the Horror of Stephen King* (1992). In: Bloom, Harold (Hg.): *Bloom's Modern Critical Views: Stephen King, Updated Edi-*

tion. Chelsea House, New York, 2007, S. 74, 75.
Vgl. dazu außerdem:
Casebeer, Edwin F.: *The Art of Balance in King's Novels*.
In: Coddon, Karin: *Readings on Stephen King*. Greenhaven
Press, Farmington Hills / MI, 2004, S. 94.

22 Seeßlen/Jung 2006, S. 65.

23 Vgl. Seeßlen/Jung 2006, S. 44.

24 Vgl. Seeßlen/Jung 2006, S. 17.

25 Seeßlen/Jung 2006, S. 96.

26 Seeßlen, Georg: *George A. Romero und seine Filme*. kuk / Edition Phantasia, Bellheim, 2010, S. 22.

27 Seeßlen 2010, S. 99.

28 Seeßlen 2010, S. 99.

29 Seeßlen 2010, S. 88.

30 Bloom, Clive: *Horror Fiction: In Search of a Definition*. In: Punter, David (Hg.): *A New Companion to The Gothic*. Blackwell Publishing Ltd., Chichester, 2012, S. 214;
    vgl. außerdem Lovecraft, H. P.; hg. v. Joshi, S. T.: *The Annotated Supernatural Horror in Literature*. Hippocampus Press, New York, 2000, S. 21, 22. [→ Sekundärzitate]

31 Martin, John Edward: *Skin and Bones: The Horror of the Real*. In: Ahmad, Aalya; Moreland, Sean (Hg.): *Fear and Learning. Essays on the Padagogy of Horror*. McFarland & Company, Inc., Publishers; Jefferson / NC, London, 2013, S. 228.

32 Martin 2013, S. 228.

33 Vgl. hierzu Julia Kristevas Konzeption des Abjekts, auf das auch Martin (seine Endnote 28) sich explizit bezieht.

34 King, in: Winter, Douglas E.: *Talking Terror: Interview with Stephen King*. The Twilight Zone Magazine, V, February 1986, S. 22. Zit. in: Hoppenstand, Gary; Browne, Ray B.: *The Horror of It All: Stephen King and the Landscape of the American Nightmare*. In: Dies. (Hg.): *The Gothic World of Stephen King. Landscape of Nightmares*. Bowling Green State University Popular Press, Bowling Green / OH, 1987, S. 13.

35 Vgl. Bloom, Clive 1998, S. 15.

36 Bloom, Clive 1998, S. 16 (Hervorh. i. O.).

37 Bloom, Clive 1998, S. 16 (Hervorh. i. O).

38 Vgl. Dieckmann 2011, S. 44, 91, 98.

39 Sachse, Rainer: *Persönlichkeitsstörungen. Leitfaden für die Psychologische Psychotherapie*. Hogrefe, Göttingen, 2004. S. 32–33.

[40] Vgl. Dieckmann 2011, S. 20.

[41] Vgl. Dieckmann 2011, S. 28, 88.

[42] Vgl. Williams, Anne: *The Horrors of Misogyny: Feminist Psychoanalysis in the Gothic Classroom*. In: Heller, Tamar; Long Hoeveler, Diane (Hg.): *Approaches to Teaching Gothic Fiction. The British and American Traditions*. New York, The Modern Language Association of America, 2003, S. 77.

[43] Vgl. Dieckmann 2011, S. 91.

[44] Dombeck, Kristin: *The Selfishness of Others. An Essay on the Fear of Narcissism*. Farrar, Straus and Giroux, New York, 2016, S. 102.

[45] Vgl. Hanson, Clare: *Stephen King: Powers of Horror*. In: Docherty, Brian (Hg.): *American Horror Fiction. From Brockden Brown to Stephen King*. St. Martin's Press, New York, 1990, S. 148.

[46] Vgl. King 1983, S. 282.

[47] King 2010b, S. 175.

[48] Indick, Ben P.: *King and the Literary Tradition of Horror and the Supernatural*. In: Underwood/Miller (Hg.) 1984.

[49] Vgl. Magistrale, Tony: *Toward Defining an American Gothic: Stephen King and the Romance Tradition*. In: Bloom, Harold (Hg.): *Bloom's Bio Critiques: Stephen King*. Chelsea House, Philadelphia, 2002, S. 101, 100.

[50] Egan, James: *Stephen King's Gothic Melodrama*. In: Coddon 2004, S. 111.

[51] Strengell, Heidi: *Monsters Live in Ordinary People* (2005). Gerald Duckwort & Co. Ltd., London, 2007, S. 12.

[52] Strengell 2007, S. 9.

[53] Magistrale 2002, S. 105.

[54] Vgl. Strengell 2007, S. 254.

[55] Vgl. Strengell 2007, S. 190.

[56] Vgl. Körber, Joachim: *Notizen aus der toten Zone: Die Romane von Stephen King*. In: Ders. (Hg): *Das Stephen King Buch*. Heyne, München, 1989, S. 481.

[57] King, Stephen: *Mr. Mercedes*. Scribner, New York, 2014a, S. 323.

[58] King, Stephen: *The Eyes of the Dragon* (1987). Signet, New York, 1988, S. 174 (Hervorh. i. O.).

[59] Vgl. Paquette, Jenifer: *Respecting* The Stand. *A Critical Analysis of Stephen King's Apocalyptic Novel*. McFarland & Company, Jefferson, 2012, S. 92.

[60] Hatlen, Burton: *Stephen King and the American Dream: Alienation, Competition, and Community in RAGE and THE LONG WALK*. In: Herron, Don (Hg.): *Reign of Fear. The Fiction and the Films of Stephen King* (1988). Underwood-Miller, Lancaster / PA, 1992, S. 49.

[61] Hatlen 1992, S. 49.

[62] Vgl. z. B. Davis, Jonathan P.: *Stephen King's America*. Bowling Green State University Popular Press, Bowling Green / OH, 1994, S. 103.

[63] Davis 1994, S. 103.

[64] King, Stephen: *The Institute*. Hodder & Stoughton, London, 2019b, S. 449.

[65] King, Stephen: *Cujo* (1981). Signet, New York, 1982a, S. 104–105.

Narzissmusdiskurs in den USA
Stephen King und die ‚Me Generation'
Paradigmenwechsel

Im Jahr 1981 bezeichnet Stephen King Narzissmus als „Absicht" moderner *Gothic*-Fiktion. Damit thematisiert er eine paradigmatische Veränderung des Genres zum Ende des 20. Jahrhunderts – ein zeitlicher Abschnitt, der als Höhepunkt der sogenannten Postmoderne gilt.

Im Fokus steht nun „anstelle eines symbolischen Schoßes ein symbolischer Spiegel"[1], anstatt wie zuvor die Beschäftigung mit sexuellen Ängsten die mit der Angst vor dem Selbst.

Um jene Entwicklung nachzuvollziehen, wird im Folgenden die Beziehung zwischen Narzissmus, modernem Horror und gesellschaftlicher Matrix aufgezeigt – eine Verbindung, deren Bestehen auch King potenziell impliziert, wenn er im Rahmen der Horrorfiktion ‚gesellschaftliche Angstdruckpunkte' konstatiert und Narzissmus als den neuen Horror bestimmt.

Der in der nordamerikanischen Öffentlichkeit höchst präsente Diskurs zum Narzissmus wird dabei als mit der Postmoderne strukturell verknüpft gesehen. Stephen Kings Schreiben ist Schnittstelle zwischen beiden Phänomenen, wenn er als postmoderner Autor den Horror aus Narzissmus als Ausdruck seiner Zeit literarisch inszeniert.

Es erfolgt eine Einordnung seines Schaffens in die Dynamik zwischen Popkultur, Diskurs und gesellschaftlichem Geschehen.

NARZISSMUSDISKURS IN DEN USA

Narzissmus als psychische Störung zu bezeichnen, wird zurückgeführt auf Sigmund Freuds entsprechenden Text von 1914 – ZUR EINFÜHRUNG DES NARZISSMUS.

Auch wenn dort bereits in verschiedene Arten von Narzissmus unterschieden wird, war Grundlage des psychoanalytischen Ansatzes bis zu den 1970er-Jahren der Fokus auf dessen pathologische Ausprägung.

Durch den nach Amerika emigrierten Analytiker Heinz Kohut erfuhr er dann eine Umdeutung und Neubewertung, da Kohut ‚positive narzisstische Eigenschaften' wie Selbstbewusstsein und Verfolgen der eigenen Ziele als grundsätzlich gesunde psychische Merkmale erachtete.

Vor allem jedoch die Arbeiten Otto Kernbergs, der sich mit der zerstörerischen Seite von Narzissmus befasst, wurden Ende der Siebzigerjahre durch den Kulturkritiker Christopher Lasch aufgegriffen.

In seinem Bestseller DIE KULTUR DES NARZISSMUS (1979) proklamiert Lasch einen von ihm so identifizierten nationalen amerikanischen Charakter, den er als narzisstisch bestimmt, den Begriff vereinnahmend als Erklärung für alles ihm Kritisierenswerte.

Dabei beruft er sich eben auf die von Kernberg unter-

suchten destruktiven Aspekte – hierunter besonders pathologische Selbstfixierung – von Narzissmus, den Lasch als
die Ursache gesellschaftlichen Niedergangs deklariert.

Drei Jahre zuvor erschien 1976 im Magazin *New Yorker*
Tom Wolfes Artikel DIE „ICH"-DEKADE UND DAS DRITTE
GROẞE ERWACHEN, in dem Wolfe einen Narzissmusbe-
griff einführt, der fungiert als Sammelbecken für degene-
rierte (oder als solche angesehene) Verhaltensweisen.

Die Grundannahmen Christopher Laschs, der klinische
Untersuchungen auf eine gesamte Kultur überträgt, ähneln
denen Wolfes: Lasch befindet, der Amerikaner als Typ
würde einer narzisstischen Persönlichkeit entsprechen.

Seine Thesen wirkten sogar bis auf die Ebene nationaler
Politik, indem sie sich 1979 niederschlugen in Präsident
Carters anklagender Rede an die Nation – deren von ihm
konstatierter desolater Zustand sei der narzisstischen Fokussierung lediglich auf das eigene Leben geschuldet,
indem sich niemand mehr für die Belange der Gemeinschaft einsetzen wolle.

Dieser Aufladung des Terms Rechnung tragend veröffentlicht die amerikanische Historikerin Elizabeth Lunbeck
DIE AMERIKANISIERUNG DES NARZISSMUS (2014), eine
Diskursgeschichte, die hauptsächlich auf Arbeiten Freuds
sowie Kohuts und Kernbergs beruht.

Lunbeck zeichnet zunächst die gesellschaftlichen Voraussetzungen nach für die Verwendung von Narzissmus
als Erklärungsmuster für (so empfundene) Missstände
nach Ende des Zweiten Weltkriegs.

Auf diesen folgten im Zuge des Wirtschaftsaufschwungs
eine stark anwachsende Konsumkultur und damit einher-

gehend neue Freiheiten, darunter nicht zuletzt die, unbegrenzt konsumieren zu können. Das wiederum brachte zufolge Kritikern wie Riesman, Whyte oder Bell leere, egoistische Subjekte hervor, die auf schnelle Bedürfnisbefriedigung aus waren – als Ursache hierfür galt der Kapitalismus, der entsprechend als mitverantwortlich dafür gesehen wurde, narzisstische Subjekte zu erzeugen.

Lunbeck arbeitet heraus, inwiefern es sich beim Narzissmusvorwurf zunächst um Kritik an der Nachkriegsgeneration handelte, deren Verhaltensweisen und Ziele im Kontrast standen zu denen der vorigen, die noch geprägt war von Idealen wie (im Rahmen von Wirtschaftskrise und Kriegsjahren ohnehin notwendigem) Verzicht sowie Strebsamkeit.

„Zelebranten dieser neuen Ordnung [...] traten ein für Befreiung anstelle der Einschränkungen der protestantischen Ethik und sofortigen Genuss anstelle von Selbstversagung."[2]

Vergleichbares Verhalten der Nachkriegsgeneration wurde zunehmend als narzisstisch gesehen und eben so kritisiert.

Jene Zeit, nach 1945, war bestimmt vom Wirtschaftsboom und Entstehen neuer Lebensmuster, parallel jedoch auch von Restauration im Zuge intendierter Abwehr befürchteter kommunistischer Unterwanderung.

In den 1960er-Jahren entstanden ausdifferenziertere Lebensentwürfe, was sich unter anderem niederschlug im Herausbilden der sogenannten Gegenkultur und verschiedenen Selbstfindungsbewegungen.

Die darauffolgenden 1970er, die Dekade, in welcher der Narzissmusdiskurs begann virulent zu werden, waren geprägt von allgemeiner Desillusionierung im Zuge von

Vietnamkrieg, Watergate-Skandal und Rezession, und so stellt Lunbeck fest, dass sich zu dieser Zeit „Amerika [...] in den Krämpfen einer ausgewachsenen spirituellen und kulturellen Krise"[3] befand. Laschs Präsentation von emotional leeren, selbstbesessenen Individuen hätte, wie sie schließt, zu keiner anderen Zeit eine solche Wirkung entfalten können.

Wenn Elizabeth Lunbeck den Diskurs zum Narzissmus eher abbildet und dabei vor allem unsaubere Herangehensweise und eine zu einseitige Darstellung kritisiert, bewertet die Soziologin Imogen Tyler seinen Verlauf problematischer, da politisch instrumentalisierend.

Tyler weist zunächst hin auf eine tatsächliche Zunahme der Diagnose der Narzisstischen Persönlichkeitsstörung. Dies sieht sie allerdings, anders als Lasch, nicht als Beweis für eine Gesellschaft, die zunehmend bestehen würde aus narzisstischen Individuen, sondern mit Kernberg dadurch bedingt, dass diese Zuordnung als solche ab 1980 erst Eingang fand in das diagnostische Instrumentarium.

Tom Wolfe habe die Selbstbezogenheit einer destruktiv narzisstischen Prägung auf Formen der sogenannten Gegenkultur der 1960er-Jahre übertragen, in deren Kontext unter anderem auch Schwule und Lesben, Afro-Amerikaner/innen oder mexikanische Hispanics sich Räume für ihre jeweiligen von der bisherigen Norm abweichenden kulturellen Identitäten erkämpften. Auch Feminismus als Beschäftigung von Frauen mit den Rechten von Frauen sowie deren neue Freiheit, ihr Leben unabhängig von Männern zu leben, bezeichnete Wolfe als narzisstisch.

Anhand verschiedener Zitate macht Tyler deutlich, dass

der Narzissmusvorwurf Christopher Laschs sich ebenfalls auf Gruppen bezog, deren jeweiliges Selbstverständnis sich von dem des *weißen* Amerikaners unterscheidet zu dem Zeitpunkt, zu dem sie Wahrnehmbarkeit erlangten. So wird ‚Narzissmus' zur stereotypen Anklage an jede Lebensweise, die sich vom patriarchalen amerikanischen Identitätskonzept abhebt[4].

Dieses Vorgehen pauschaler Diffamierung ist seit den 1970er-Jahren kaum abgeklungen. Tyler stellt vielmehr fest, es sei verbreitet wie nie, und führt ein, wenn auch wie von ihr selbst zugegeben extremes, Beispiel eines „Journalisten des rechten Flügels"[5] aus dem Jahr 2004 an: „Homosexuelle, Feministen, Ehebrecher, die Promiskuitiven und die Abtreibungsbefürworter [...] die Kulturrelativisten und die Multikulturalisten. [...] Diese Leute sind einem besonderen Teil des Bösen hörig – einem Bösen, das fast allgegenwärtig ist im dekadenten, postmodernen Westen. Dieses Böse ist Narzissmus."[6]

Welches Ausmaß die Verwendung des Begriffs in der amerikanischen Alltagskultur heute annimmt, kann vielleicht mit Kristin Dombecks Essay DIE SELBSTSUCHT DER ANDEREN – EIN ESSAY ÜBER DIE ANGST VOR NARZISSMUS von 2016 erahnt werden.

Sie stellt fest, Narzissmus als Vorwurf sei tatsächlich zu einem aus dem Ruder gelaufenen Gemeinplatz geworden, indem alles, was jemandem an anderen nicht gefalle, jenen reflexhaft als Narzissmus vorgehalten werde. Um diese Verzerrung zu verdeutlichen, schildert sie etwa ihre Erfahrungen mit Webseiten, die, tatsächliche oder vermeintliche, Opfer von Narzisst/inn/en zu Konsument/inn/en der von ihnen angebotenen Hilfeleistungen zu machen versuchten. Als Profiteure des entsprechenden Konsums in Form von Ratgeberliteratur, Coachings und dergleichen hätten sie das Ziel, jedwedes Verhalten als narzisstisch zu erklären[7].

Auch die psychologische Forschung, die sich mit Narzissmus in seiner Relevanz für die Gesellschaft befasse, würde zu teils fragwürdigen Schlussfolgerungen gelangen, was nicht zuletzt dem Druck geschuldet sei, sichtbare Ergebnisse liefern zu müssen[8].

Dombeck will vor allem Bewusstsein für die Gemachtheit und sich selbst verstärkende Dynamik des unzulänglich reflektierten Diskurses wecken – „es ist von Belang, ob sie tatsächlich real ist, die Epidemie[*], aber es ist noch mehr von Belang, ob wir *glauben*, dass sie real ist"[9].

Es wird deutlich, dass ein umfassender struktureller Umbau der amerikanischen Nachkriegsgesellschaft vonstattenging und dies veränderte Konzepte von Identität und Alltagskultur mit sich brachte.

Elizabeth Lunbeck erklärt die durchschlagende Wirkung der Thesen Wolfes und Laschs zum Narzissmus vor dem Hintergrund der von ihr festgestellten ideellen Krise ab Ende der 1970er-Jahre. Die mit den entsprechenden Entwicklungen einhergehende Verunsicherung benötigte eine Projektionsfläche wie deren Theorien, da diese wenigstens scheinbar eine Erklärung lieferten.

So schlägt sich die konstatierte gesellschaftliche Orien-

---

* Anspielung auf den Buchtitel *The Narcissism Epidemic: Living in the Age of Entitlement*.

tierungslosigkeit als Folge politischer und wirtschaftlicher Desillusionierung unter anderem in der Pathologisierung unwillkommener Verhaltensweisen als narzisstisch nieder.

Der von Stephen King thematisierte Diskurs zum Narzissmus in seiner Bedeutung für die moderne *Gothic*-Fiktion durchdringt sich wechselseitig mit dem gesellschaftlichen – Literatur und Popkultur entstehen nicht im Vakuum, sondern sind zumindest anteilig Ausdrucksform der Gesellschaft, die sie hervorbringt.

King selbst ist in diesen Kontext eingebunden durch seine Biografie. Geboren 1947, bezieht er seit Mitte der 1970er-Jahre als vielgelesener, nicht unpolitischer Schriftsteller und Person der Öffentlichkeit sein Schreiben auf die Gesellschaft, in der er lebt.

Er ist Beobachter, Subjekt und Kommentator seiner Welt, wobei dieser Kommentar, sein Schreiben, im Zuge der damit einhergehenden Fiktionalität anschlussfähig wird für persönliche Assoziationen der Leser/innen.

Um, verpflichtet seinem Dasein als Horrorautor, jene zu erschrecken, spricht er verbreitete Grundängste an und orientiert sich dabei an den eigenen – etwa die Angst vor dem Dunkel, vor dem Tod, um geliebte Personen[10].

Zudem greift er in seinen Texten allgemein geteilte Bedrohungsszenarien auf. Anders als die Grundängste ändert sich, was in verschiedenen Epochen viele Menschen auf gesellschaftlicher Ebene beunruhigt. In *DEAD ZONE* von

1979 ist Hintergrund des Romans die zu jener Zeit aktuelle Angst vor einem Atomkrieg, ausgelöst von einem wahnsinnigen Präsidenten; der Bill-Hodges-Trilogie, erschienen zwischen 2014 und 2016, liegen die vor wirtschaftlichem Abstieg als Folge der Bankenkrise sowie vor Terroranschlägen gegen die zivile Bevölkerung durch Einzeltäter zugrunde.

Jene Bedrohung durch den Mitmenschen zum einen ebenso wie dessen emotionale Unzugänglichkeit zum anderen bestimmen die moderne Horrorfiktion.

Narzissmus, dessen destruktive Ausprägung (stark vereinfacht) einer pathologischen Selbstzentrierung und einer damit verknüpften Beziehungsunfähigkeit[11] entspricht, wird von King in *DANSE MACABRE* zur neuen ‚Absicht‘ von *Gothic* erklärt. Er scheint somit 1981 den zum Zeitpunkt der Veröffentlichung bereits aktuellen Narzissmusdiskurs aufzugreifen, bezieht sich jedoch explizit vor allem auf die Arbeit Irving Malins. Dessen entsprechender Text *NEW AMERICAN GOTHIC* erschien 1962, vierzehn Jahre vor Tom Wolfes Artikel (der als Auftakt des öffentlichen Diskurses gesehen werden kann), und ist entsprechend nicht von diesem beeinflusst.

In seiner eigenen Prosa demaskiert King Narzissmus als Missstand, zeichnet seine konkrete wie strukturelle Wirkmacht nach und zeigt sein Zerstörungspotenzial auch in Bezug auf die Gesellschaft.

Zeitlich gesehen gehört King selbst der sogenannten Ich-Generation, der ‚narzisstischen‘ Nachkriegsgeneration, an.

Diesbezüglich beschreibt er prägende Eindrücke aus den 1950er-Jahren, darunter Ängste vor kommunistischer Unterwanderung und Atomkrieg, jedoch auch Überlegenheitsgefühle als Kriegsgewinner, was er zuletzt in Bezug setzt zum Horrorgenre:

„Wir waren fruchtbarer Grund für die Samen des Terrors, wir Kriegsbabys; wir waren aufgezogen worden in einer seltsamen Zirkusatmosphäre von Paranoia, Patriotismus und nationaler Anmaßung."[12]

Neben politischer Aktivität in der Studierendenregierung war er in den 1960ern als Englischstudent vor allem involviert in amerikanische Literatur – Letztere trifft in NEW AMERICAN GOTHIC auf das psychologische Konzept Narzissmus, als dessen Repräsentation Irving Malin die von ihm untersuchten Texte sieht.

Auch King greift den Horror, der von der Begegnung mit dem narzisstischen Gegenüber ausgehen kann, in seiner Prosa auf. Was bei aller Sensibilität für sich wandelnde gesellschaftliche Ängste in der Zeit seines Schreibens bestehen bleibt, ist die Form des Verhaltens seiner menschlichen ebenso wie übernatürlichen Monster. Das Angsteinflößende an ihnen ist ihre gefühllos-gleichgültige Bösartigkeit, was in seinem wiederholten Auftreten als strukturell narzisstisch angesehen werden kann.

Kings erster veröffentlichter Roman CARRIE erscheint 1974.

Auch wenn dies für ihn nahezu sofort finanziellen Durchbruch bedeutet, dauert es um die zwanzig Jahre, bis Linda Badley 1996 von seiner „relativ neu gewonnenen Akzeptanz seitens der Kritik"[13] sprechen kann, und noch 2003, auf Kings Auszeichnung mit dem National Book Award hin, bezeichnet der Kritiker Harold Bloom ihn als eher „soziologisches Phänomen, ein Bild für den Tod des gebildeten Lesers"[14].

Die Ablehnung Kings als Schriftsteller hat sicher auch formale Gründe, etwa die sprachliche Zugänglichkeit und andere vermeintliche oder tatsächliche Schwächen der Texte[15]. Hier interessiert jedoch, was er als politisch motivierten Kommentar bezeichnet – eine Bewertung seiner mutmaßlichen Wertvorstellungen.

So wird King 1983 im Interview für den *Playboy* von Eric Norden angesprochen auf Kritik in der Presse und speziell auf eine Karikatur in der New Yorker Zeitung *The Village Voice*. Dort ist er mit einer Schreibmaschine und säckeweise Geld abgebildet, begleitet von folgendem Text:

„,Wenn Sie Geist, Intelligenz oder Tiefblick schätzen, sogar wenn Sie bereit sind, sich mit dem leisesten Hinweis auf gutes Schreiben zu begnügen, sind alle von Kings Büchern verzichtbar.'"[16]

Weshalb wird Stephen King, der humanistische Werte vermittelt, an das Gute (im Menschen) glaubt und dessen Held/inn/en Alltagscharaktere sind, mit denen sich jede/r identifizieren kann, derart verrissen? Er selbst antwortet darauf, indem er ein „politisches Element"[17] für den Kommentar verantwortlich macht:

„Wissen Sie, ich sehe die Welt mit etwas, was essenziell eine altmodische Grenzsicht ist. Ich glaube, dass Menschen Herr sind über ihr eigenes Schicksal und sich enormen Ungerechtigkeiten stellen und diese überwinden können. Ich bin überzeugt, dass absolute Werte von Gut und Böse existieren, die sich um Vorherrschaft in dieser Welt bekriegen – was natürlich ein vor allem religiöser Standpunkt ist. Und – was mich sogar noch mehr verdammt in den Augen der ‚erleuchteten' Cognoscenti – ich glaube außerdem, dass die traditionellen Werte von Familie, Treue und persönlicher Ehre nicht alle ertrunken und aufgehoben sind im trendigen Kalifornien-Whirlpool der ‚Ich'-Generation. Das setzt mich in Widerspruch zu dem, was essenziell eine urbane und liberale Sensibilität ist, die jeglichen Wandel mit Fortschritt gleichsetzt und alle Konventionen zerstören will, in der Literatur ebenso wie in der Gesellschaft."[18]

King greift hier den Wertekonflikt zwischen Tradition und Trend auf, dabei nennt er explizit die als narzisstisch angesehene ‚Ich-Generation', die Nachkriegsgeneration, von der er sich selbst distanziert.

Zur Illustration des diesbezüglichen Hintergrunds können die bereits angebrachten Entwicklungen nach dem Zweiten Weltkrieg nochmals miteinbezogen werden:

Besonders in den 1950er-Jahren wurden – als Reaktion auf Faschismus und aus Angst vor kommunistischer Unterwanderung – im Rahmen der politischen und soziokulturellen Strukturen restriktive Verhältnisse etabliert – vom Kulturhistoriker Eli Zaretsky als „umfassender Apparat der Konformität und Unterdrückung"[19] bezeichnet.

Darüber hinaus erfolgte ab den 1960ern im Zuge der durch den wirtschaftlichen Aufschwung angestoßenen „epochalen Veränderung im Charakter des Kapitalismus"[20] eine sich verstetigende Fragmentierung der Alltagskultur, darunter nicht zuletzt ein Zerfall des Familienzusammenhalts. Es entwickelte sich laut Zaretsky eine Kultur von „‚mach dein eigenes Ding'"[21] – diese Lebensweise beruhte auf Massenkonsum ebenso wie auf verschiedenen Formen versuchter Selbstfindung und angestrebter Selbsterfüllung. Sie wurde von Verfechter/inn/en der alten Ordnung zunehmend als narzisstisch kritisiert, von ihren Anhänger/inne/n als freiheitlich wahrgenommen.

Stephen King bekennt sich zu den ‚traditionellen Werten von Familie, Treue und persönlicher Ehre‘, teilt scheinbar die Kritik an der ‚Ich-Generation‘ und hält seine eigenen Ideale als für nicht vereinbar mit dem, was ihre Vertreter als Fortschritt sehen – ihm zufolge alles, was sich abhebt von traditionellen Lebensentwürfen. Seiner Einschätzung nach beruht die im Interview erwähnte Diffamierung seines Schaffens darauf, dass er an bestimmten Werten festhalte. Das mache ihn rückständig in den Augen der intellektuellen Schicht, deren Selbstverständnis ebendarin liegen würde, sich von allem Vorigen abzugrenzen.

Skepsis gegenüber Althergebrachtem per se seitens derer, die die Restauration nach dem Zweiten Weltkrieg erlebt haben, ist nachvollziehbar. Kategorisches Verurteilen alles Traditionellen scheint jedoch ebenso wenig angemessen wie unreflektiertes Festhalten an Gewohntem.

King kommt vielleicht in diesem Zusammenhang eine ambivalente Position zu, dadurch jedoch auch potenziell eine Vermittlerrolle – während seines Studiums war er konfrontiert mit der Polizeigewalt und politischen Korruption der Ära, beteiligte sich selbst an studentischen Protesten. Gleichzeitig lässt ihn womöglich seine eigene Herkunft, die rurale Arbeiterschicht Maines, ebenfalls sympathisieren mit den „traditionellen amerikanischen Werten“, wie Burton Hatlen Kings Neigung zu „‚konservativen‘ und ‚radikalen‘ Strömungen“[22] im Rahmen der politischen Entwicklungen Ende der Sechzigerjahre beschreibt.

Durch Einnehmen beider Perspektiven aus eigener Erfahrung lehnt er die entsprechenden Einstellungen jeweils nicht kategorisch ab. Tatsächlich scheint er die Flexibilität und Offenheit zu besitzen, als ‚linke‘ ebenso wie als konservativ ansehbare oder schlicht an Idealen ausgerichtete Positionen zu vertreten, kann dadurch die in ihnen enthaltenen Werte ausmachen und für ihr Bewahren eintreten.

In *DANSE MACABRE* bezeichnet er das Horrorgenre als konservativ und den Horrorautor „nicht mehr und nicht weniger als einen Agenten des Status quo"[23].

Wenn King schreibt, macht er sich somit selbst zu jemandem, der, in seinem eigenen Ausdruck, so aufgeschlossen ist wie ein „konservativer Republikaner im Dreiteiler"[24]? Inwiefern sind seine Werte tatsächlich identisch mit dem, was die ‚Ich-Generation‘ als rückwärtsgewandt und fortschrittsfeindlich ablehnt?

Was ihm vorgehalten wird, sind Darstellungen, die den Erhalt traditioneller Verhältnisse verklären würden hinsichtlich des Rollenverhaltens innerhalb der Kleinfamilie, von Schwulen und Lesben, von Schwarzen und Frauen.

Gegenüber Kings Inszenierungen von Weiblichkeit etwa vertritt stellvertretend Karen Thoens (1998) eine kritische Ansicht, hier in Bezug auf den Roman ES: „In Stephen Kings nostalgischem Gender-Szenario muss ein starker Mann die schöne, aber verschreckte Frau retten vor den Gefahren der Welt und Bedrohungen durch aggressive, perverse Männer"[25] (was sich womöglich auf Darstellungen bezieht, die vielleicht eher als *Gothic*-Trope der ‚Jungfrau in Nöten‘ gedacht waren, deren potenzieller Sexismus vom Kontext einer Geschichte abhängen mag

92

und hier nicht weiter erörtert werden soll). Vergleichbar wird er kritisiert für seinen Umgang mit Homosexualität. Anthony Magistrale stellt fest, dass „in Kings Welt [...] Sex, der ohne die segnende Verbindung heterosexueller Liebe vollzogen wird, immer lasziv und unheilvoll ist"[26]. Speziell in Bezug auf Schilderungen homosexueller Kontakte schließt er, diese würden als Ausdruck für Perversion und Brutalität verwendet, etwa die Beschreibung von Vergewaltigungen im Gefängnis Shawshank.

Als problematisch an der Gewichtung, die der *weißen* Kernfamilie in Kings Prosa zukommt, wird scheinbar empfunden, dass die entsprechenden Verhältnisse als das Abbild einer vermeintlich von King angestrebten Norm gesehen werden könnten.

Wie er selbst in Bezug auf letzteren Punkt feststellt, entspricht das von ihm Beschriebene dem für ihn Normalen, in das er sich entsprechend einfühlen und über das er somit auch am besten schreiben könne. Einiges an den Texten ließe sich jedoch tatsächlich als konservativ kritisieren, so bezeichnet er bereits 1989 im Interview seine Skizzierung von Frauen und von Schwarzen als die am ehesten gerechtfertigte gegen ihn gerichtete Kritik, indem seine Neigung zu stereotyp erscheinenden Charakteren[27] sich in diesem Kontext in ein Klischee wandeln könne[28].

Sogar bis heute wird ihm auch von wohlwollenden Zeitgenoss/inn/en vor allem subtiler, unbeabsichtigter Rassismus vorgeworfen. Selbst wenn er diesen ebenfalls nicht als Rassist gilt, ist es gerade bei Kings Reichweite sicher lohnenswert, entsprechende Tropen, etwa des „Magical Negro"[29], kritisch zu reflektieren.

Allerdings bedeuten solche Einsprengsel eben nicht, dass seine Prosa in ihrer Gesamtaussage restaurativ wäre.

So konstatiert Clive Bloom vielmehr, wie H. P. Lovecraft oder M. R. James habe Stephen King „widersprüchliche Nachrichten" in seinen Texten, die tatsächlich deren „angeborenen Konservatismus stören"[30] würden.

Carol Senf schreibt King sogar Radikalität zu, indem er patriarchalen Machtmissbrauch gegenüber Frauen und Kindern verurteile und Frauen darstelle, die ihre eigene Position verteidigen. Sie sieht das Konservative in seinen Romanen positiv dahin gehend, „dass sie ziemlich traditionelle Werte zelebrieren, Leben und Gesundheit und Liebe eingeschlossen"[31].

Besagte Widersprüchlichkeit mag erklären, warum die Texte entsprechend unterschiedlich wahrgenommen werden, wobei das Spektrum, beispielsweise in Hinblick auf Sexismusvorwürfe, reicht von solchen einerseits bis hin zu Zuschreibungen von Feminismus andererseits[32].

Die Einordnung seines Werks als konservativ (in negativer Konnotation) scheint somit im Auge des Betrachters zu liegen.

Gerade die *Gothic*-Fiktion, in deren Tradition King schreibt, leistet ihren Beitrag dazu, solche Zuschreibungen als wertend deutlich zu machen und damit indirekt zu hinterfragen – so wurde entsprechend Kings Umgang mit Homosexualität in ES von Douglas Keesey in Kapitel 2 als nicht konservativ, sondern, die Mehrdeutigkeit von *Gothic* reflektierend, vielmehr als uneindeutig bestimmt und eine jeweilige Lesart dadurch als Spiegel der Einstellung der Lesenden.

Für die Nachkriegsgeneration mag die Skepsis gegenüber konventionellen Vorgaben positiv, weil befreiend, sein, da es das in den Fünfzigern und Sechzigern teils auch war. Aus dieser Sicht scheint King das Hochleben von Tradition um des Traditionserhalts willen in seinem Schreiben zu vermitteln. Was er ihr wiederum (an den öffentlichen Diskurs denken lassend) vorhält, ist undifferenziertes Ablehnen der in seinen Augen zeitlosen Werte von Zusammenhalt und Einstehen für das Gemeinwohl.

Wenn alles, was an traditionelle Strukturen erinnert, kategorisch abgelehnt wird, ist auch positive Neubelegung ebenso wie das Bewahren erhaltenswerter Anteile unmöglich. So grenzt King sich selbst von der Haltung, grundsätzlich die Werte der Vorgängergeneration(en) als rückständig zu erklären, eindeutig ab.

Seine Rollendarstellungen, etwa in Bezug auf Stereotype und vermeintliche Homophobie, werden als Zeichen konservativer Moralvorstellungen gesehen. Wird sich nur auf diese Aspekte des von King gezeichneten zwischenmenschlichen Verhaltens konzentriert, mag der Vorwurf anteilig nicht unberechtigt sein, wie er selbst zugesteht.

Dem Gesamtkontext der von ihm beschriebenen Beziehungen wird diese pauschale Einordnung jedoch nicht gerecht.

Wenn es für die Nachkriegsgeneration sinnvoll gewesen sein mag, das Konzept von Familie in ihrer derzeitigen Eigenschaft als Instrument der Restauration zu hinterfragen, plädiert King dafür, den Wert, den sie haben kann, nicht ebenfalls zu negieren, sondern losgelöst aus seinem historischen Kontext zu erhalten.

Damit propagiert er nicht automatisch die Familie im

Sinne der patriarchalen Ordnung, wie ihm vorgehalten wird. Während er ihr Potenzial für größtmöglichen Schrecken zum unterschwelligen ebenso wie offenbaren Horror seiner Geschichten macht, ist die familiale Gemeinschaft gleichzeitig eine der intensivsten emotionalen Verbindungen. Es ist ein Unterschied, ob die Familie als gesellschaftliche Institution als erstrebenswert dargestellt wird, mit entsprechenden Rollen und der mit diesen verbundenen Hierarchie, oder ob die Verbindung der Liebe in dieser besonderen Beziehung als Macht gezeigt wird, die durch ihre Kraft dem Bösen etwas entgegenzusetzen hat, wie King es tut.

In Zeiten schneller Veränderung und zunehmender individueller Freiheiten erhalten Fragen nach Werten eine neue Aktualität. King wirft sie auf und beantwortet sie – für sich – anhand der Gewissensfragen seiner Figuren. Was seine Idealvorstellung von Beziehung unterscheidet von anderen Utopien, ist, dass sie tatsächlich umsetzbar wäre.

Es liegt im Menschen selbst, wie er sich verhält, und hierum geht es in den Geschichten. Individuell ist die Entscheidung, etwas aus dem eigenen Leben zu machen, eine Familie aufzubauen oder sie, aus mangelnder Auseinandersetzung mit dem eigenen Fehlverhalten, dysfunktional sein zu lassen. Dies ist zentrales Moment in Kings Fiktion, die Eigenverantwortung seiner Figuren – und damit auch deren potenzielle Freiheit.

In Kapitel 5 wird detaillierter nachvollzogen, inwiefern seine Ideale als Gegengewicht zur narzisstischen Verfasstheit anzusehen sind.

Was Angehörigen der ‚Ich-Generation' als konservativ und damit verwerflich gilt, sind im Fall der Prosa Stephen Kings Werte, die tatsächlich der narzisstischen Pathologie entgegenstehen: Zusammenhalt, konstruktiver Austausch – Liebe.

PARADIGMENWECHSEL

Es wird ersichtlich, weshalb die Konfrontation mit Narzissmus als tief erschütternd empfunden werden kann und somit geeignet ist, so intensive Gefühle wie ‚Horror' auszulösen – wenn er, wie hier, als konträr gesehen wird zu authentischem Miteinander und Beziehung, handelt es sich damit auch um die Antithese zu dem, was den zentralen Anteil eines Identitätsgefühls ausmacht.

Eine Störung dieses Gefühls erwächst aus wie in Kapitel 2 beschriebener Grenzverletzung im persönlichen Bereich, was existenziell bedrohlich wirkt und aus diesem Grund potenziell horrend – die Unfähigkeit, Grenzen wahrzunehmen oder zu akzeptieren und damit bei anderen zu wahren, ist essenzielle Voraussetzung im Narzissmus.

In einer Epoche, die sich zunehmend definiert über Identitätsfindung und Individualität, scheint es naheliegend, den Gegenspieler dieser Konzepte als paradigmatisch für den Horror dieser Zeit anzusehen.

Auf den Weg gebracht wurden diese Bedingungen durch die grundlegenden Veränderungen, die die Nachkriegsära zeitigte. Jene Gegebenheiten der Postmoderne hatten und haben Folgen für die Grundstruktur der Gesellschaft und entsprechend für die Prägung der ihr Zugehörigen. So entsteht im Zuge wirtschaftlicher und technologischer Entwicklungen auch ein zunehmendes Bewusstsein für individuelle Bedürfnisse sowie für die Freiheit, ihnen zu folgen; der Auseinandersetzung mit der eigenen Identität kommt insgesamt größere Aufmerksamkeit zu.

Parallel etabliert sich ein öffentlicher Diskurs von Narzissmus als Pathologie der Selbstbezogenheit. Letztlich handelt es sich um verschiedene Phänomene, die jedoch miteinander verflochten sind.

Literatur oder Film lassen sich nur unzureichend reflektieren, wenn sie isoliert von dem Kontext, in dem sie entstehen, betrachtet werden. Vielmehr beeinflussen sich Gesellschaft und Kulturprodukt, es besteht eine Wechselwirkung zwischen Realität und Fiktion.

In diesem Abschnitt werden Repräsentationen narzisstischer Merkmale in der Popkultur in Verknüpfung mit der sich in der zweiten Hälfte des 20. Jahrhunderts neu bildenden soziopolitischen, gesellschaftlichen und dadurch bedingt auch psychischen strukturellen Matrix aufgezeigt. Hierbei interessiert der Zusammenhang mit den sie nachhaltig bestimmenden wirtschaftlichen Veränderungen und deren Auswirkungen auf die ‚postmoderne Identität'.

So werden im Folgenden Beiträge mit jeweils verschiedenem Forschungshintergrund dargelegt, um aus mehreren voneinander unabhängigen Ansätzen heraus vergleichbare Ergebnisse in Hinsicht auf die Strukturhaftigkeit der angesprochenen Entwicklungen zu gewinnen: eingangs zwei Untersuchungen aus dem Bereich Popkultur (Film und Literatur der Nachkriegszeit in Bezug auf

Horrorfiktion), daraufhin ein Überblick zu gesellschaftlichen Verhältnissen mit ihren Auswirkungen auf die postmoderne Identität und zuletzt eine Darstellung aus der Psychologie, in der zuvor hier in anderem Kontext beschriebene Gegebenheiten explizit in Zusammenhang gesetzt werden mit Strukturen des Narzissmus.

Die entsprechenden Ergebnisse werden zusammengeführt und wiederum in den hier relevanten Kontext gesetzt – Horror aus Narzissmus im Schreiben Stephen Kings.

Die Veränderungen der Nachkriegszeit, wie mit Elizabeth Lunbeck in Bezug auf die Entstehung des Narzissmusdiskurses thematisiert, sind ebenfalls Gegenstand einer Monografie der Amerikanistin Bernice M. Murphy. Ihr Fokus liegt auf den mit diesen Veränderungen einhergehenden Ängsten, darauf, wie diese in Literatur und Popkultur aufgegriffen werden; dabei bestimmt sie *Suburban Gothic* als Subgenre und besondere Form der *Gothic*-Fiktion des 20. Jahrhunderts.

Murphy beschreibt, wie die amerikanischen Vorstädte, die *Suburbs*, nach dem Krieg sprunghaft anwuchsen, was Einfluss hatte auf Lebensführung und kulturelles Selbstempfinden. Die Besitzer der neuen Vorstadthäuser mit ihren identisch erscheinenden Vorzeigefamilien wurden von den ursprünglichen Bewohnern des ehemaligen Stadtrands als gesichtslose Eindringlinge in hoher Zahl empfunden, als „sehr reale Bedrohung der Grundwerte amerikanischer Kultur und Gesellschaft"[33] aufgrund der damit verbundenen „angeblichen Erosion von Individualität und Einzigartigkeit"[34].

In der *Suburban-Gothic*-Fiktion spiegeln sich laut Murphy die Belange und Ängste, die aus dem sich verändernden Alltag im Vorort entstehen. In diesem Kontext stellt sie der ‚offiziellen', positiven Sicht auf die *Suburbs* – „eine Art utopisches Paradies für den amerikanischen Jedermann und seine ständig sich mehrenden Nachkommen"[35] – deren ‚dunkle Seite' gegenüber, die schließlich in der Fiktion wieder auftaucht (teils buchstäblich, etwa in Steven Spielbergs POLTERGEIST von 1982 oder Wes Cravens *A NIGHTMARE ON ELM STREET* [1984]) – die Vorstellung von „allem, was falsch war mit der amerikanischen Gesellschaft, [...] ein Nährboden für Unzufriedenheit und geistlose Herkömmlichkeit"[36].

Im Gegensatz zu der Bedrohung, die in der klassischen Horrorfiktion ‚von außen' kommt, nimmt vielleicht in diesem historischen Moment eine wegweisende Veränderung ihren Ursprung: Die (post)moderne *Gothic-* ebenso wie Horrorfiktion ist gekennzeichnet von dem Schrecken, der aus der unmittelbaren Umgebung entsteht – ausgehend vom Nachbarn, von Freunden, der eigenen Familie.

Entsprechend sind für Murphy zentrale Werke der Popkultur der Nachkriegszeit von diesen Bedingungen geprägt – Romane wie Richard Mathesons *I AM LEGEND* (1954), Ira Levins *STEPFORD WIVES* (1972), Filme von George Romero und Wes Craven sowie neuere TV-Serien wie *BUFFY THE VAMPIRE SLAYER* (1997–2003) oder *DESPERATE HOUSEWIVES* (2004–2012).

Wenn die beschriebenen Veränderungen bestimmte Ängste hervorrufen, ist darunter eine besondere Form der Angst diejenige, die entsteht aus der Konfrontation mit dem narzisstischen Gegenüber. Elemente, die Murphy als strukturell narzisstisch bezeichnet und zudem in Zusammenhang setzt mit Merkmalen von *Gothic*, arbeitet sie heraus anhand ihrer Besprechung eines Romans Shirley Jacksons von 1948 – DIE STRAßE DURCH DIE WAND. Sie deutet die Wand in Jacksons Roman, der in einem von einer Mauer umgebenen und dadurch gleichsam von der Außenwelt abgeschnittenen Vorort San Franciscos spielt, als Spiegelung des „Egoismus, Materialismus und Narzissmus der Menschen innerhalb: Sie sind buchstäblich nicht in der Lage, nennenswert über ihre eigenen Hinterhöfe hinauszublicken."[37] (Inwieweit Murphys Interpretation beeinflusst ist vom Narzissmusdiskurs wie oben ausgeführt, kann hier offensichtlich nicht bestimmt werden.)

Sie sieht Jacksons literarischen Umgang mit den Alltag bestimmenden Umgebungsformen wie eben Häusern in Zusammenhang mit den „schnellen Veränderungen in amerikanischen Lebens- und Wohnmustern"[38], die zu ihrer Zeit stattfanden.

Somit kann durchaus eine Verbindung gesehen werden zwischen dem von Jackson (und anderen) als *Gothic* inszenierten Narzissmus und Veränderungen der Nachkriegszeit, noch bevor der Diskurs sich verselbstständigte, was deutlich macht, dass gesellschaftliche Verhältnisse auch ohne diskursive Verbalisierung in der Fiktion adaptiert und abstrahiert werden.

Die entsprechenden Prozesse werden in einer jeweils zeitgenössischen Form von *Gothic* in der Literatur reflektiert und, hier in Murphys Metatext in Bezug auf Shirley Jackson, explizit als Narzissmus abbildend bestimmt.

Andrew Tudor, der 1989 seine KULTURGESCHICHTE DES HORRORFILMS veröffentlicht, kommt, vergleichbar mit Stephen Kings Ausführungen, ebenfalls zu dem Schluss, dass um 1960 herum ein grundsätzlicher Wandel im Wesen des Genres eintritt. Damit stellt auch er, wie Murphy, jedoch abstrakter und umfassender, die Verbindung her zwischen gesellschaftlichen Bedingungen und deren Spiegelung in der Popkultur.

Seine Ausgangsposition ist die Frage – „in was für einer Welt *könnte* der Horrorfilm Sinn machen?"[39].

Er beantwortet sie mit Bezug auf von ihm untersuchte britische Filme zwischen 1931 und 1984, die er in Sicheren und Paranoiden Horror einteilt.

Demnach ist die Gesellschaft, die er dem Paranoiden Horror zuschreibt (nach einer Übergangsphase der späten Fünfziger- und Sechzigerjahre), ab den Siebziger- und vor allem Achtzigerjahren eine, die gemeinhin als unverlässlich empfunden wird.

Auch Tudor zufolge entspringt das „zerrüttende Unbekannte"[40] im Paranoiden Horror oft dem Alltäglichen. Die Erzählung beruhe, anders als im Sicheren Horror, auf einer offenen Struktur, wodurch eine endgültige Auflösung fast unmöglich herbeizuführen sei.

In der Welt, in der Paranoider Horror ‚Sinn macht', besteht das Vertrauen in eine schützende Ordnungsmacht ebenso wenig fort wie das in eine verbindliche soziale und moralische Ordnung. Dies bedeutet allerdings zugleich auch neue Freiheit für diejenigen, die zuvor in der Welt des Sicheren Horrors in bestimmte Rollen gepresst waren, etwa Frauen, die im Paranoiden Horror anders als zuvor auch über Selbstbestimmtheit verfügen.

Tudor kommt zu dem Schluss, dass Paranoider Horror eine Gesellschaft reflektiere, die im Wandel begriffen ist. Jedoch entspricht nicht der Wandel als solcher der Bedrohung, sondern die Orientierungslosigkeit, die aus ihm erwächst. Es erfolgt auf gesellschaftlicher Ebene eine „Legitimationskrise" und auf individueller eine „Identitätskrise"[41].

In diesem Punkt decken sich seine Ausführungen mit Elizabeth Lunbecks Feststellung der von ihr konstatierten ideellen Krise, die sie in Bezug auf die USA zeitlich ebenfalls in den Siebziger- und Achtzigerjahren verortet und die ihr zufolge Mitursache ist für das Ausmaß des Diskurses zum Narzissmus.

Sie stimmen ebenfalls überein mit denen der nun angeführten Autoren, die sich explizit mit der Auflösung von Strukturen im Rahmen der Postmoderne befassen.

Die Soziologen Rolf Eickelpasch und Claudia Rademacher geben einen Überblick über Identitätstheorien im Kontext der Globalisierung.

Entsprechend allgemein werden wirtschaftliche und technologische Umwälzungen thematisiert, welche die Welt der Moderne nach dem Zweiten Weltkrieg ablösen und mit den bisher genannten Autor/inn/en bereits in spezifischeren Zusammenhängen angebracht wurden. Diese Verallgemeinerung stellt hier die Anschlussmöglichkeit dar für die Vergleichbarkeit von Struktur und Gesellschaft, Literatur und psychischer Dynamik.

Zentral dabei ist der Begriff der Identität. Es wird beschrieben, wie im Zuge globalisierter Wirtschaft und Digitalisierung klassische Biografien ersetzt werden durch neue, weniger festgelegte Konzepte.

Der Lebensentwurf eines stetig ausgeübten Berufs mit seinen identitätsstiftenden Eigenschaften von Eingebundenheit und finanzieller Absicherung wird zunehmend abgelöst durch ein Nebeneinander verschiedener sozialer

Rollen und befristeter Beschäftigungen – Fragmentierung der Lebensverhältnisse wie schon mit Eli Zaretsky in Bezug auf die Nachkriegszeit genannt. Die Herausforderung an die Einzelnen sei, in einer von schnellen Veränderungen geprägten Umwelt in sich selbst die verschiedenen Einflüsse zu vereinbaren und somit eine flexible und zugleich belastbare Identität zu erarbeiten. In einer Welt scheinbar unbegrenzter Möglichkeiten an Tätigkeiten, Reisezielen, Konsumgütern und sozialen Zugehörigkeiten wird es notwendig, innere Stabilität zu finden. Dies erfordert eine im Vergleich zu vorher gesteigerte Selbstreflexivität „und muss sich in einem kontinuierlichen Prozess der Selbstbefragung und Selbststilisierung stets von neuem erschaffen"[42].

Bewusstheit und ein sicheres Gefühl über die eigene Identität – Gegenkonstrukt zum Narzissmus – ist elementar, wenn der Lebensweg nicht mehr durch Strukturen vorgegeben ist, sondern durch Entscheidungen und Eigeninitiative durchgesetzt werden muss – „Selbstkontrolle, Selbstreflexion und Selbstbewertung werden zu den wichtigsten Aktivitäten der freigesetzten Subjekte"[43].

Die durch diese Gegebenheiten auf die ‚postmoderne Identität' wirkenden Einflüsse sind entsprechend strukturell mit Eigenschaften der narzisstischen Persönlichkeit verknüpft – so wird beides auch zusammengeführt in der Einleitung eines 2016 erschienenen Sammelbandes zu Narzissmus:

„In einer sich schnell verändernden Welt, in der soziale Strukturen, Beruf, Partnerschaft und Religionszugehörigkeit ihre Beständigkeit und ihre Solidität verlieren, werfen die Regulationen des Selbstwertes und des Selbstverständnisses innere Probleme auf, die einmal in äußeren Strukturen aufgehoben waren. [...] Selbstgestaltungen [...] verlagern diese Regulation an die Oberfläche und in den sichtbaren Bereich, um im Auge der anderen eine vermeintliche Spiegelung zu finden, die die innere Regulation unterstützen soll. In diesem Vorgang taucht der Ursprung der narzisstischen Regulation wieder auf: Jeder Mensch ist angewiesen auf eine wohlwollende und anerkennende Spiegelung seiner selbst."[44]

Mit diesen Ausführungen werden gesamtgesellschaftliche Makrostrukturen explizit in Verbindung gesetzt mit deren Einfluss auf eine innerpsychische Dynamik – die der ‚narzisstischen Regulation‘.

Im genannten angemessenen Bedürfnis nach wohlwollender Spiegelung liegt zugleich die ihm immanente Krux:

Diese zur Entwicklung notwendige Resonanz durch das Außen (mehr dazu in Kap. 5) wird in einer Oberflächenkultur, in der Schein über Sein triumphiert, pervertiert und führt eben zum Gegenteil des eigentlichen Bedürfnisses, wirklich gesehen zu werden: zu einem Fokus auf eine allein superfizielle Wirkung, zu einem Kommunizieren von Oberfläche zu Oberfläche statt von Mensch zu Mensch.

Allerdings sieht die Formulierung der ‚narzisstischen Regulation‘ Narzissmus auch hier nicht per se als pathologisch, sondern vielmehr als Konzept, mit dem ein für die Selbstkonstruktion notwendiges Gleichgewicht hergestellt wird zwischen Selbstwahrnehmung und Resonanz durch andere. In dieser Lesart ist ‚Narzissmus‘ ein Prinzip psychischer Gesetzmäßigkeit, das potenziell so konstruktiv wie destruktiv wirken kann.

Bestimmte Verhaltensweisen oder Identitätsentwürfe als destruktiv narzisstisch einzuordnen, wurde eingangs als potenziell politisch motiviert sowie undifferenziert und pauschal diffamierend bezeichnet. Nichtsdestoweniger wurde herausgearbeitet, inwiefern hiervon unabhängig von einer mit strukturellem Narzissmus vergleichbaren Prägung der amerikanischen Gesellschaft gesprochen werden kann, um die Wechselwirkung mit der paradigmatisch veränderten Horrorfiktion nachzuvollziehen, die Stephen King ebenfalls als narzisstisch bezeichnet und deren Interdependenz mit soziokulturellen Entwicklungen eben aufgezeigt wurde.

Es kann von einer beide Paradigmen verbindenden Grundstruktur ausgegangen werden, wenn als Eigenschaften der Postmoderne gesellschaftliche Gegebenheiten dazu führen, narzisstische Tendenzen in einer Persönlichkeit zu unterstützen.

So ist die Beschäftigung mit dem Selbst in dieser Epoche unbegrenzter Möglichkeiten notwendig für Handeln und Vorwärtskommen, kann im Übermaß jedoch in Selbstfixierung und damit Abschottung münden.

Die Grenzen zwischen Selbstreflexion, Selbstfokussierung und Selbstfixierung sind dabei fließend. Wie mit dem neutralen Begriff der narzisstischen Regulation, der auf eine dynamische Wechselwirkung hindeutet, nahegelegt wurde, wäre eine ‚vorprogrammierte' Entwicklung zum destruktiven Pol nicht gegeben. Auch wenn narzisstische Strukturhaftigkeit sich in den aufgezeigten Verhältnissen nachvollziehen lässt, wird eine pathologische Ausprägung zwar womöglich durch negative Voraussetzungen bestärkt, ist aber keine zwingende Folge.

Vielmehr kann die Postmoderne gesehen werden als

weit gefasste kulturelle Matrix, deren Strukturen die Gesellschaft und ihre Individuen prägen. Sie können destruktiv wirken, sind jedoch im Positiven ebenso auch mögliche Impulse zur inneren Entwicklung, die einem pathologischen Narzissmus sogar entgegenstehen.

So ist konstruktive Selbstreflexion, die angesichts der ausdifferenzierten, nahezu unüberschaubaren Möglichkeiten notwendig wird, der Fixierung auf die eigene Außenwirkung dieser Persönlichkeitsstruktur tatsächlich entgegengesetzt; es kann, wie es sich laut Tudor auch im Paranoiden Horror spiegelt, wer sich auf die erweiterten Möglichkeiten dieser neuen Gegebenheiten einlässt, ohne sich von ihnen kompromittieren zu lassen, sie nutzen und sich einen weiteren Erfahrungs- und Erlebnishorizont erschließen[45].

Hierdurch birgt die Welt der Möglichkeiten ein freiheitliches Potenzial, die eigenen Interessen zunächst zu erkennen und in angemessenem Maß zu verfolgen und umzusetzen. Es geht, wie Eickelpasch und Rademacher formulieren, „um den kreativen Umgang mit dem Multiplen, die experimentelle Gestaltung des Eigenen im Mannigfaltigen"[46].

Stephen Kings eher allgemein postulierte Änderung in der ‚Absicht des Genres' wird vergleichbar auch von Andrew Tudor für die Entwicklungen im Horrorfilm interdependent mit dem Kontext, der ihn hervorbringt, festgestellt; sie findet ihre Entsprechung in grundsätzlichen kulturellen und gesellschaftlichen Transformationen.

Damit kann der konstatierte Wandel in einen weiteren kulturhistorischen Zusammenhang gesetzt als Paradigma der Nachkriegsepoche angesehen werden und nicht lediglich des Horrorgenres[47], das allerdings selbst wiederum in diesen Rahmen einzuordnen ist.

Dieser ist es auch, in welchem Stephen King Narzissmus literarisch interpretiert, im zwischenmenschlichen Umgang wie abstrakt, in der Darbietungsform fiktionalen Horrors. Seine Strukturhaftigkeit nicht vergessend, hält er der Gesellschaft den Spiegel ebenso vor wie vor allem den Einzelnen.

Denn gerade in sich selbst, wie er es in seinen Geschichten zeigt (mehr hierzu in Kap. 4), kann das Böse immer noch am wirksamsten bekämpft werden, durch Ehrlichkeit, Akzeptanz, Auseinandersetzung mit sich selbst und bewussten Widerstand gegen die eigene Fehlbarkeit. Erster Schritt hierfür ist, die eigene Unvollkommenheit anzuerkennen, ohne sich darin zu verlieren – ein Gegenentwurf zu der Neigung, sich narzisstisch als großartig oder, alternierend, nichtswürdig wahrzunehmen, anstatt positive wie negative Eigenschaften nebeneinander bestehen lassen zu können[48].

Wenn die eigene Energie und Ausrichtung nicht gestört wird durch Verdrängung und daraus folgend verzerrte Selbstwahrnehmung, lässt sich Autarkie und Handlungsspielraum gewinnen durch Selbsterkenntnis – nicht zufällig eine für die postmoderne Identität notwendig gewordene Fähigkeit, die für das eigene (konstruktive) Fortkommen zunehmend unabdingbar ist.

Die Position Kings der Befürwortung eines Werterhalts losgelöst von unreflektierter Traditionshaftung erinnert an den schmalen Grat zwischen dem überfordernden Strudel scheinbar endloser Möglichkeiten und im Kontrast dazu der Option vielfältiger Gestaltbarkeit zum Erreichen des eigenen Potenzials, wenn genau geprüft werden muss, was erhaltens- und erstrebenswert ist und was nicht.

Das Finden des Eigenen im Multiplen wird von ihm literarisch umgesetzt und auf ein greifbares Niveau heruntergebrochen, wenn er Beziehungen inszeniert zwischen unterschiedlichen individuellen und autarken Personen, die aufgrund dieser Eigenschaft, anders als im Einheitsgeist der Tommyknockers, nicht miteinander verschmelzen, sondern willentlich und bewusst miteinander umgehen, ohne sich selbst dabei zu verlieren. Dieses Ideal zwischenmenschlicher Beziehung ist Gegenkonzept zum Narzissmus.

„Ich glaube immer noch an die Widerstandsfähigkeit des menschlichen Herzens und die essenzielle Gültigkeit von Liebe. Ich glaube immer noch, dass Verbindungen zwischen Menschen hergestellt werden können und dass die Geister, die uns bewohnen, sich manchmal berühren. Ich glaube immer noch, dass die Kosten dieser Verbindungen schrecklich, furchtbar hoch sind … und ich glaube immer noch, dass der Wert, den sie darstellen, den Preis, der bezahlt werden muss, überwiegt. [...] Das sind altmodische Anliegen und Überzeugungen, aber ich wäre ein Lügner, wenn ich nicht zugeben würde, dass sie mir immer noch gehören. Und dass ich ihnen immer noch gehöre."[49]

Stephen King

[1] King 1983, S. 281.

[2] Lunbeck, Elizabeth: *The Americanization of Narcissism.* Harvard University Press, Cambridge / MA, 2014, S. 19–20.

[3] Lunbeck 2014, S. 13.

[4] Tyler, Imogen: *From 'The Me Decade' to 'The Me Millennium': The Cultural History of Narcissism.* In: International Journal of Cultural Studies, Vol. 10, No. 3 (S. 343–363), 01.09.2007, S. 354.

[5] Tyler 2007, S. 357.

[6] Hutchison, Fred: *Narcissism and the Culture War.* Zit. in: Tyler 2007, S. 357. [→ Sekundärzitate]

[7] Dombeck 2016, S. 24–25.

[8] Vgl. Dombeck 2016, S. 73.

[9] Dombeck 2016, S. 12 (Hervorh. i. O.).

[10] King, Stephen: *The Horror Writer and the Ten Bears.* In: Underwood/Miller (Hg.): *Kingdom of Fear* (1986). New English Library, London, 1987, S. 10.

[11] Vgl. Dieckmann 2011, S. 75.

[12] King 1983, S. 10.

[13] Badley, Linda: *Writing Horror and the Body. The Fiction of Stephen King, Clive Barker, and Anne Rice.* Greenwood Press, Westport / CT, 1996, S. 40 (Hervorh. i. O.).

[14] Bloom, Harold: *Introduction.* In: Ders. (Hg.) 2007, S. 3.

[15] Vgl. Magistrale, Tony: *Stephen King: The Second Decade, Danse Macabre to The Dark Half.* Twayne, New York, 1992, S. 20–21.

[16] Underwood/Miller (Hg.) 1990, S. 80.

[17] King, in: Underwood/Miller (Hg.) 1990, S. 80.

[18] King, in: Underwood/Miller (Hg.) 1990, S. 80.

[19] Zaretsky, Eli: *Secrets of the Soul. A Social and Cultural History of Psychoanalysis.* Vintage Books, New York, 2004, S. 290.

[20] Zaretsky 2004, S. 308.

[21] Zaretsky 2004, S. 310.

[22] Hatlen, in: Herron (Hg.) 1992, S. 22 (meine Hervorh.); vgl. außerdem: King, Stephen: *Five to One, One in Five.* In: Bishop, Jim (Hg.): *Stephen King. Hearts in Suspension.* University of Maine Press, Orono, 2016, S. 38.

[23] King 1983, S. 39.

[24] King 1983, S. 39.

[25] Thoens, Karen: *It, a Sexual Fantasy.* In: Lant, Kathleen Margaret; Thompson, Theresa (Hg.): *Imagining the Worst. Stephen King and the Representation of Women.* Greenwood Press, London,

1998, S. 136.

26 Magistrale, Tony: *America's Storyteller*. Praeger, Santa Barbara, 2010, S. 76.

27 Paquette 2012, S. 71.

28 Vgl. Magistrale 1992, S. 6.

29 Vgl. Woods, Scott: Stephen King's Magical Negro Problem Isn't Magical, 09.01.2015, [online] https://scottwoodsmakeslists. wordpress.com/2015/01/09/stephen-kings-magical-negro-problem-isnt-magical/comment-page-1/ [Zugriff: 24.10.2024]

30 Bloom, Clive 1998, S. 14.

31 Senf, Carol: Gerald's Game *and* Dolores Claiborne: *Stephen King and the Evolution of an Authentic Female Narrative Voice*. In: Lant/Thompson (Hg.) 1998, S. 95.

32 Vgl. Casebeer 2004, S. 94.

33 Murphy, Bernice M.: *The Suburban Gothic in American Popular Culture*. Palgrave Macmillan, New York, 2009, S. 84.

34 Murphy 2009, S. 73.

35 Murphy 2009, S. 5.

36 Murphy 2009, S. 5.

37 Murphy 2009, S. 25.

38 Murphy 2009, S. 18.

39 Tudor, Andrew: *Monsters and Mad Scientists. A Cultural History of the Horror Movie* (1989). Blackwell, Cambridge / MA, 1991, S. 211 (Hervorh. i. O.).

40 Tudor 1991, S. 215.

41 Tudor 1991, S. 223.

42 Eickelpasch, Rolf; Rademacher, Claudia: *Identität* (2004). 4., unveränderte Auflage. transcript, Bielefeld, 2013, S. 22.

43 Eickelpasch/Rademacher 2013, S. 44.

44 Focke, Ingo; Horn, Elke; Pohlmann, Werner (Hg.): *Erregter Stillstand. Narzissmus zwischen Wahn und Wirklichkeit*. Klett-Cotta, Stuttgart, 2016, S. 17.

45 Tudor 1991, S. 223.

46 Eickelpasch/Rademacher 2013, S. 24.

47 Vgl. Tudor 1991, S. 224, Endnote 6.

48 Sachse 2004, S. 30.

49 King, Stephen: *Four Past Midnight. Straight Up Midnight: An Introductory Note*. Hodder & Stoughton, London, 1990b, S. 7.

4 SENSATIONELLE DESIGNS

DER ‚WERKZEUGKASTEN' – UND DARÜBER HINAUS
STEPHEN KINGS PANOPTIKUM
KULTURELLE ARBEIT
THE DARK HALF
MUT IM ANGESICHT DES SCHRECKENS

Die Würdigung Kings literarischen Schaffens beruht zufolge der Amerikanistin Jenifer Paquette vornehmlich auf kultur- und nicht literaturwissenschaftlichen Kriterien. Er werde zwar als Phänomen wahrgenommen, weniger jedoch als ‚seriöser Schriftsteller'. Mit ihrer Analyse (2012) seines Romans THE STAND – DAS LETZTE GEFECHT will sie einen dezidiert literaturwissenschaftlichen Beitrag leisten und zeigen, dass eine klassische Untersuchung seiner Texte Ergebnisse liefert, er somit als ernst zu nehmender Autor anzusehen sei.

Vergleichbar wird auch von anderen Autor/inn/en gerne auf die Traditionen verwiesen, derer King sich bedient, hierunter vor allem *American Gothic* und literarischer Naturalismus – der Einfluss dieser Strömungen auf sein Schreiben wurde in Kapitel 2 nachgezeichnet.

Ohne seine Verbundenheit zu ihnen in Abspruch zu stellen, soll im vorliegenden Kapitel dennoch ergänzend den Aspekten Raum gegeben werden, die der Literaturwissenschaft als nicht belegbar und damit nicht relevant gelten – die Wirkung eines Texts auf seine Leser/innen.

Auf Englisch ist *sensational* etwas Sensationelles, Spektakuläres, aber auch die Sinne und Gefühle Stimulierendes. Entsprechende Prosa gilt als minderwertig, da mit ihr scheinbar gezielt die Emotionen einer breiten Masse angesprochen werden, um hierdurch so gewinnbringend wie möglich verkauft zu werden – offenbar der Gegenentwurf zu anspruchsvoller Literatur.

Stephen King wird nachgesagt, sich sensationeller Schreibweise und einfacher Sprache zu bedienen, um Bestseller mit seinen Romanen zu landen, die wiederum hauptsächlich wahrgenommen werden als Horrorfiktion und damit umso mehr als unseriös.

Weist jedoch das Vorhandensein sensationeller Anteile an seinen Texten tatsächlich hin auf deren Minderwertigkeit?

Wie verbindet er die Aspekte seines Schreibens, die ihm den Titel ‚King of Horror' eingebracht haben, mit den Konzepten und Idealen, auf denen es beruht?

Im Folgenden wird deutlich, dass weder literarische Tradition, auf die wohlwollende Kritiker/innen neigen hinzuweisen, noch massentaugliches, auf Schockmomente setzendes Schreiben allein sein Werk bestimmt. Vielmehr entsteht aus der Verbindung von beidem ein unverwechselbarer Effekt.

DER ‚WERKZEUGKASTEN' – UND DARÜBER HINAUS

Nicht jedem Text gelingt es, in seinen Bann zu ziehen und womöglich über den Abschluss der Lektüre hinaus zu beschäftigen. So lässt sich durchaus die Frage stellen, wie

Stephen King ebendies seit nunmehr fünfzig Jahren durchgehend erreicht. Es befassen sich bereits zur Zeit seiner ersten Romanveröffentlichungen mehrfach Autor/inn/en explizit damit, wie er ein solches Grauen, aber auch solche Spannung und Gebanntheit literarisch herzustellen vermag[1].

Ein Konzept, das diesen Aspekt der Wirkung von Literatur ebenso berücksichtigt wie das Geschriebene selbst, ist die Leserresonanzkritik.

Die Rolle der Lesenden miteinzubeziehen, stellt hier die Abkehr dar von einem Literaturverständnis, das vermeintlich objektiv belegbare Bedeutung eines Texts in sich sieht, der daher von versierten Literaturwissenschaftler/inne/n entschlüsselt werden muss.

Sinngebung durch nicht vorgebildete Leser/innen, die individuell geprägt ist und sich von Mensch zu Mensch und sogar beim mehrfachen Lesen eines Texts durch dieselbe Person unterscheiden kann, hat trotz ihres subjektiven Charakters ihre eigene Berechtigung.

Wenn ein Medium das hervorruft, was momenthaft daraus entsteht, lässt sich Leserresonanz nur abstrakt, theoretisch fassen und nicht empirisch belegen. Es handelt sich um eine situative, potenziell unterschiedlich ausfallende Reaktion auf die jeweils vorliegende Erzählung.

Äußerungen Kings zeigen, dass auch er die Rolle der oder des Lesenden als ebenso wichtig erachtet wie die des Autors. Ihre geistige ‚Begegnung' wird möglich durch die mentale Aktivität beider, was King als Kommunikation, als Telepathie bezeichnet, die ein „Band des Verstehens [...] knüpfen"[2] soll zwischen ihm und seinem Beständigen Leser.

Elementar ist dabei für ihn die Funktion von Geschichten, Sinn zu erzeugen[3]. Anstatt intellektuelle Satzgebilde zu schmieden, will er so viele Menschen wie möglich erreichen und (emotional) berühren:

„Mehr als alles andere wollte ich in die Deckungen meiner Leser hineingelangen, wollte sie zerreißen und sie hinreißen und sie für immer verändern mit nichts anderem als Story."[4]

Hier geht es nicht darum, Beschreibungen oder Anspielungen auf Grundlage von Hintergrundwissen zu dekodieren, sondern um ein Mitfühlen, Miterleben der Geschichte mittels der Verbindung von Vorstellungskraft und Anteilnahme – Literatur als Erfahrung, nicht als Objekt[5].

Entsprechend nennt King am Beispiel Carrie Whites den Grund dafür, seine Figuren gezielt nur vage zu beschreiben: „Wir alle erinnern uns doch an einen oder mehrere Highschool-Loser – wenn ich meinen beschreibe, verjagt er die Vorstellung von deinem."[6] Durch nicht zu detaillierte, dennoch klare Darstellung lässt er Raum für eigene Ausgestaltung. Phantasie ebenso wie Gefühle werden durch die Vorgaben des Autors stimuliert, Figuren mittels Emotion verstanden, die Leser/innen fühlen sich über ihre Erlebnisse mit ihnen verbunden.

Sein Schreibstil, das Vehikel, das in die Geschichten hineinzieht, ist unaufdringlich und gleichzeitig kaum verkennbar. Er beruht auf der jeweils individuellen Erzählweise und weniger auf verschlungenen Kompositionen.

Für Jenifer Paquette ist Kings Stil tatsächlich gerade dadurch geprägt, dass er zugänglich ist, während diese einfachen Sätze zugleich „komplexe Bilder und Situationen enthalten"[7].

Die zugrunde liegende leicht verständliche Sprache entbehrt nicht, wie oft kolportiert, literarischer Anmutung, zeichnet sich jedoch vor allem aus durch erzählerische Kraft.

Die Geschichten können bei aller sich früher oder später einstellenden Bedrohlichkeit (zunächst) friedlich wirken, teils sogar anheimelnd, so wie FRIEDHOF DER KUSCHEL-TIERE, von einigen düsteren Vorausdeutungen abgesehen, das harmonische Leben einer jungen Familie auf dem Land beschreibt und atmosphärisch nachempfinden lässt[8].

Unüberhörbar ist der jeweils eigene ‚Klang' der Erzählung: Der die Geschichte prägende Ton ist zentral für ihre Identität. Er bestimmt die Atmosphäre und definiert die Persona des Erzählers, wird erzeugt durch Wortwahl und Rhythmus, Bilder und Stimmung.

Besonders die Romane schwingen in einer individuellen Gefühlslage – CARRIE ist düster und klaustrophobisch, BRENNEN MUSS SALEM! (1975) lyrisch-melancholisch bis verzweifelt-depressiv und DAS LETZTE GEFECHT hat etwas Rohes, Schonungsloses.

CHRISTINE (1983) oder aktueller *JOYLAND* (2013), beide aus der Ich-Perspektive noch jugendlicher Hauptfiguren, haben im Gegensatz dazu etwas Leichtes und Unbeschwertes, unterscheiden sich jedoch immer noch voneinander, wenn Dennis Guilder in CHRISTINE eine joviale, gewissenhafte Note in der ‚Stimme' hat, während Devin Jones, die Hauptfigur aus *JOYLAND*, in seiner Geschichte die Schwermut ersten Liebeskummers, aber auch Aufregung über die Anziehung zu seiner neuen Bekanntschaft Erin und die Arbeit im Vergnügungspark Joyland miterleben lässt.

Wenn der Schreibstil Rahmen ist für die Stimmung, in die man sich durch das Lesen begibt, werden hierauf aufbauend weitere, tiefergehende Effekte erzeugt.

King will eine „viszerale"[9], eine körperliche, Reaktion hervorrufen. Unter Stimulierung verschiedener Sinne wird ein unmittelbarer Zugang zum Erzählten erleichtert.

William F. Nolan stellt fest: „Als Stylist hat er totale sensorische Gewalt über sein Material. Mit ihm sehen, hören, schmecken, riechen und berühren wir."[10]

Eine vorgestellte Welt entsteht, die nicht nur von Beschreibungen, sondern auch von sinnlichen Eindrücken geprägt ist. So äußert etwa Dietmar Dath: „Man weiß sofort, wo man ist, wenn man den Erzählraum einer Geschichte von King betritt, die Stimme, die Textur, der Geruch, das alles ist unverwechselbar."[11]

Bereits in dieser kurzen Einordnung werden Dreidimensionalität ebenso angesprochen wie der Hör-, Tast- und Geruchssinn.

Linda Badley führt aus, inwiefern sich Kings Geschichten quasi mit dem ganzen Körper lesen ließen[12], und auch Thomas Tessier schreibt, dass jede/r, der oder die seit den Sechzigerjahren eine amerikanische Highschool besucht habe, CARRIE „körperlich verstehen"[13] könne durch die intensiven Erfahrungen, die man als Teenager macht und die im Roman mit aller Ehrlichkeit wiedergegeben würden.

Als Beispiel dafür, wie King verschiedene Ebenen der Wahrnehmung zugleich anspricht, kann die Einführung der Hauptfigur in CUJO, Donna Trenton, herangezogen werden:

„Sie brachte es irgendwie fertig, einigermaßen gut auszusehen, trotz der gnadenlosen Hitze, ihrer bedruckten

Bluse und feldgrauen Shorts, die sich anfühlten wie an ihre Hüften und ihren Hintern geklebt."[14]

Hier wird ihr Aussehen beschrieben, es entsteht beim Lesen ein Bild von Donna durch den wie von außen auf sie geworfenen Blick des Erzählers.

In derselben Ausarbeitung ist jedoch zugleich ein körperlicher Eindruck enthalten – der, ihre Shorts würden an ihr kleben. Damit wird die visuelle ergänzt durch die Beschreibung des sinnlichen und eine direkte Beziehung zu ihr herstellenden Gefühls verschwitzter Kleidung. Es entsteht beim Lesen unmerklich eine mehrdimensionale Verbindung mit der Figur[15].

Bei diesem Zusammenspiel von Inhalten und ganzheitlichem Lesen, Imagination und Assoziation handelt es sich um eine vervollständigende Erzähltechnik, da die Vorstellungskraft durch die geschilderten Vorgänge angesprochen wird und zugleich die Sinne im Geiste stimuliert, eigene Emotionen und Erinnerungen aktiviert werden.

Somit lässt sich schließen, dass Prosa, die nur intellektuelle Impulse aussendet, entsprechend den Intellekt animiert. Texte, die, wenn auch nicht nur, die emotionale und sensuelle Dimension der Empfindungen beim Lesen ebenfalls einbeziehen, wären dann eher geeignet, die Lesenden auf mehreren Ebenen zu erreichen und nicht nur Anteile ihrer Wahrnehmung.

Michael Perry, der sich mit der Übertragung des Wunders in die Kunst in Kings Roman WAHN (2008) befasst, sieht auf die Sinne abzielende Prosa tatsächlich als geradezu notwendig an für Autor/in und Leser/in, um sich in dem „Raum zwischen den Worten"[16] begegnen zu können – „„Sensualität ist Intelligenz[...]""[17].

Dabei ist die Darstellung körperlicher Eindrücke in Verbindung mit Erlebnissen, Gedanken, Gefühlen und Vorstellungskraft nicht lediglich profanes, sondern vielmehr ein gezielt eingesetztes schriftstellerisches Element in Kings Schreiben als Mittel, seine Leser/innen unmittelbar zu erreichen.

STEPHEN KINGS PANOPTIKUM

Die für eine körperliche Reaktion notwendigen, scheinbar leicht zu erzeugenden Effekte von Horror und Angst, für die King bekannt ist, haben jedoch lediglich Anteil an seiner Prosa. Gerade die Verbindung sensationeller Effekte und ideeller Konzepte ist es, die die Texte auszeichnet, seiner Vorstellung folgend, dass „gutes Schreiben zugleich berauschend und ideengetrieben sein kann"[18].

King verbindet literarische Traditionen und die enthaltenen Konzepte mit seinen persönlichen Idealen sowie sensuellen Impulsen, wodurch ganzheitliches Aufnehmen des Geschriebenen ermöglicht wird, indem es die Leser/innen auf mehreren Ebenen anspricht[19].

Der Ton, in dem die Texte, Metakommentare wie die Erzählung selbst, gehalten sind, beiläufig und vertraulich, trägt zu der vielzitierten Nähe zwischen ihm und seiner Leserschaft bei, wenn er sich in Vor- oder Nachworten an seinen ‚lieben Beständigen Leser' wendet, stets in der Einzahl wie in einem vertrauten Gespräch, nicht an die Gesamtheit seines Publikums.[20]

Horror-Schriftsteller Dennis Etchison beschreibt, wie er

fasziniert Briefe als Reaktion auf *DANSE MACABRE* liest: Diese „waren persönliche Mitteilungen von der Art, wie die meisten von uns sie im ganzen Leben nur von fürsorglichen Freunden sehen werden. Sie reagierten auf sein Buch, als ob er zu jedem von ihnen direkt geschrieben hätte."[21]

King bringt es für sich auf diesen Nenner: „Die Leute lesen mich nicht, weil sie Horror wollen. Sie lesen mich, weil sie Stephen King mögen. [...] Ich denke, sie kommen zurück um der Stimme willen mehr als alles andere."[22]

Das Gefühl von Kommunikation mit seinen Leser/innen/n[23], direkt zu diesen zu sprechen und von ihnen gehört zu werden, verbindet er mit seinem gezielt eingesetzten Geschichtenerzählertonfall[24].

Nicht zuletzt ist eine der Voraussetzungen dafür, die Leseerfahrung so intensiv wie möglich zu gestalten, diese mehrdimensionale prätextuelle Selbstinszenierung Kings – als Erzähler, als Autor und als Mensch[25].

Jene Rollen überlagern sich in seinem Schreiben und beeinflussen damit die Wirkung des Texts; sie wird unmerklich intensiviert[26].

Eine der Überlagerungen, die zur Verdichtung von Eindrücken führt, wurde bereits in Kapitel 2 thematisiert – das Zusammenspiel von Horror und *Gothic*.

King greift Motive der klassischen *Gothic*-Literatur und deren Schrecknisse aus der Vergangenheit auf, um sie in Szenarien zu versetzen, die ihrerseits charakteristisch sind für den modernen Horror, der sich auszeichnet durch Gegenwärtigkeit und Unmittelbarkeit.

New American Gothic setzt den Fokus auf das Dysfunktionale, gerade in engen persönlichen Beziehungen, und den sich hieraus ergebenden (narzisstischen) Teufelskreis.

Eine solche Verdichtung von Wirkmomenten wurde oben anhand des Romans SHINING nachvollzogen. Sie wird ebenfalls deutlich in BRENNEN MUSS SALEM!, wenn King den Vampir, Figur der klassischen *Gothic*-Fiktion, in einer Kleinstadt im Maine der 1970er-Jahre wiederauferstehen lässt. Bevor der Vampir Barlow in Erscheinung tritt, beschreibt King detailliert einen gewöhnlichen Tagesablauf in 'Salem's Lot (Name der Stadt und originaler Titel des Romans) und einzelne für den weiteren Verlauf nicht relevante Personen in ihrem banalen, deprimierenden Alltag. Er zeichnet ohne Kommentar ein ungeschminktes Bild dessen, was sich hinter verschlossenen Türen an alltäglichen Grausamkeiten abspielt, ein ganz normaler Tag in einer ganz normalen Stadt. So beiläufig diese Beschreibungen daherkommen, sind sie bereits der Einstieg in den Horror des Alltags, den King in seinen Geschichten erdrückend unaufgeregt einfängt.

Das Bild realen Horrors wird verstärkt, erhält einen doppelten Boden in dem Moment, in dem das Element des Übernatürlichen hinzukommt.

Gothic ist der Vampir, der archaische Ängste heraufbeschwört, ebenso wie das verfluchte Haus, der böse Ort, an dem der Fluch von 'Salem's Lot seinen Ausgang nimmt; *New American Gothic* der Mikrokosmos, den die Stadt darstellt, der Teufelskreis, der ihren Alltag bestimmt, das Scheitern ihrer Bewohner, ihr zu entkommen. Moderner Horror spiegelt sich in den Menschen der Stadt, die eine/r nach dem anderen zum Vampir gemacht werden durch ihre einstigen Kollegen, Freunde, Verwandten.

Im Interview mit Douglas Winter beschreibt King die Grundstimmung des Romans als Paranoia, die er direkt in Zusammenhang setzt mit den politischen Ereignissen zu Beginn der Siebzigerjahre – „die Angst hinter 'Salem's Lot scheint zu sein, dass die Regierung jede/n eingenommen hat"[27].

In dem Roman werden durch die Verbindung klassischen und modernen Horrors an die jeweilige Zeit gebundene sowie individuelle und universale Ängste zugleich angesprochen, ein vielschichtiges und dadurch umso eindrücklicheres Sinnbild gezeichnet für die Verkommenheit der Einwohner/innen von Jerusalem's Lot.

Wenn die angeführten Überlagerungen die Wirkung des Gelesenen potenziell verstärken, stehen in Kings Prosa ebenfalls Konzepte nebeneinander, die sich eigentlich durch Widersprüchlichkeit auszeichnen.

Es finden neben dem, wofür er bekannt ist – Zombiekatzen, besessene Autos, Monsterclowns –, weniger bekannt, jedoch ebenso bestimmend die positiven Grundideen Raum, die für ihn das Gute ausmachen: Er setzt seinen Darstellungen essenzieller Niedertracht Ideale von Liebe, Spiritualität und Hoffnung entgegen.

Dies erfolgt nicht in jedem Text vollständig ‚ausbalanciert', vielmehr handelt es sich um Konzeptionen, die grundsätzlich vorhanden und von Story zu Story unterschiedlich ausgeprägt präsent sind.

So ist Jack Torrance zum Ende hin ein Gefäß für den Hass und die Aggression des Overlook-Hotels, ein Wesen ohne eigenes Gesicht, das aufgehört hat, eine Person zu sein. In dieser Form verfolgt er seinen Sohn und kann zuletzt nur noch ein hysterisches, vor Wut rasendes, im Text tatsächlich so bezeichnetes ‚Ding‘ genannt werden.

Hier allerdings setzt King mit der selbstlosen Rettung Wendy und Dannys durch Dick Hallorann einen Gegenpunkt – immerhin reist Hallorann, der die Familie kaum kennt, nur aufgrund eines telepathischen Hilferufs von Florida nach Colorado, kämpft sich dort durch den Blizzard und die Schergen des Overlook, ohne zu wissen, was überhaupt vor sich geht.

Auch FRIEDHOF DER KUSCHELTIERE findet seinen (finsteren) Abschluss im Erscheinen eines Monsters, das zuvor ein Familienmitglied war, Louis Creeds zweijähriger Sohn Gage. Dieser wird, von einem Truck überfahren und offiziell beerdigt, Tage später von seinem Vater dem Grab entnommen und auf einem alten Friedhof der Micmacs in den Wäldern Maines verscharrt. Sein entsprechend verkrüppelter und verwester Körper ist seitdem von einem bösen Geist belebt, so beleidigt und verspottet er (oder es) nach seiner Wiederkehr den Nachbarn Jud Crandall und zerstört dessen Gedenken an seine kurz zuvor verstorbene Frau, bevor er ihn mit einem Skalpell sadistisch ermordet. Nach Jud tötet er seine eigene Mutter, um daraufhin von seinem Vater erneut umgebracht zu werden, indem dieser ihm eine Todesspritze setzt, um dann, nicht mehr zurechnungsfähig, seine tote Ehefrau auf derselben Grabstätte zu beerdigen. Nicht umsonst bezeichnet King diesen Roman als das Schrecklichste, was er je geschrieben habe.

Dem gegenüber steht, hintergründig Geschichte über tiefe innere Verbundenheit, die tragische Liebe von John Smith und Sarah Bracknell im Roman DEAD ZONE. Bevor sich die beiden verloben können, hat John einen Unfall und liegt fünf Jahre im Koma. Als er gegen jede Erwartung aufwacht, ist Sarah verheiratet und hat einen kleinen Sohn. Sie hören nie auf sich zu lieben, aber John respektiert Sarahs Leben mit ihrem Mann und versucht nicht, sie zurückzugewinnen, weil er erkennt, dass sie trotzdem glücklich ist. Auch wenn die Liebe zwischen ihnen keine Erfüllung findet, besteht sie dennoch in ihrer beider Bewusstsein, und begleitet sie – und die Leser/innen – bis zuletzt.

Ein religiös spirituelles Bild entsteht, wenn im Roman *DESPERATION* der elfjährige David Carver Gott begegnet, als er, während sein bester Freund nach einem Unfall im Sterben liegt, ihre alten Wege geht und geteilte Erlebnisse in Gedanken wiederaufleben lässt. Er fühlt sich zu ihrem Geheimversteck hingezogen, wo er plötzlich eine Stimme im Geiste hört. Als David fragt, ob er beten soll, erhält er die Antwort: „Du betest bereits."[28]

Hier wird das Beten dargestellt als spirituelle Aktivität, wenn David die Liebe zu seinem Freund am Leben erhält, obwohl dieses Gefühl in Anbetracht dessen fast sicheren Todes schmerzhaft sein muss, und er sich in Hoffnung auf Hilfe von Gott in stundenlange Meditation begibt.

Damit stellt King einen Kontrast dar zu religiösen Lippenbekenntnissen und leerem Gebet, automatisiertem Falten der Hände und Sprechen von Worthülsen. Eiferer, die Religion als Legitimation nutzen, um letztlich nur ihre eigenen Bedürfnisse zu verfolgen, verkörpern in seinen Geschichten diesen Gegenentwurf zu dem, was für King „Kirche in meinem Herzen abhalten"[29] entspricht und wie er es am Beispiel David Carvers in Szene setzt.

Die eben veranschaulichten Konzepte von Gegensätzlichem und sich Überlagerndem ergänzen sich, greifen ineinander und lassen sich zu den Ausdrucksformen des multidimensionalen Ansatzes zählen, dem King grundsätzlich verpflichtet scheint – wie Edwin Casebeer hierzu anführt[*]:

„Das Universum und seine Bewohner können nur klar gesehen werden durch multiple und dynamische Perspektiven."[30]

Mit diesen zu spielen, spiegelt abstrakt die Mehrdimensionalität, die Grundlage ist für einen der zentralen Aspekte von Kings Schreiben – die Begegnung zwischen Menschen.

Gerade die *Gothic*-Form, derer er sich bedient, bietet sich dafür an, das ihr eigene Merkmal, Uneindeutigkeit zu erzeugen, für seine Zwecke einzusetzen – die Berechtigung multiperspektivischer Wahrnehmungen zu illustrieren.

Sein Erzählen erleichtert ein Zurücktreten von der eigenen Sichtweise, er lässt Dinge in einem neuen Licht erscheinen – „ich bin wie eine Person, die eine Brille für das Bewusstsein macht"[31].

Jenes Spiel mit Blickwinkeln und Dimensionen bestimmt die Texte auf allen Ebenen.

Auf der der Figuren erscheinen diese vergleichbar selbst bereits mehrdimensional, wie aus verschiedenen Perspektiven gezeigt, wenn durch äußere Beschreibung ein Bild von ihnen entsteht, ihre innersten Gedanken dabei jedoch ebenso wiedergegeben werden wie körperliche Empfin-

---

[*] In Anlehnung Kings an eine Vorstellung C. G. Jungs.

dungen, Gedanken und Gefühle, die teils in die Erzählstimme übergehen, wie etwa anhand der Einführung Donna Trentons skizziert.

King erzeugt damit größtmögliche Nähe zu seinen Charakteren – auch zu den weniger sympathischen. Durch die voyeuristische Rolle seiner Leser/inne/n, die er ihnen im Bewahren einer letzten, kaum spürbaren Distanz zuweist, wird zugleich ein entsprechender Abstand aufrechterhalten, wodurch innere Vorgänge intensiv mitverfolgt werden können, ohne beim Lesen völlig in der Figur aufzugehen.

Es entsteht damit eben nicht der Effekt, sich selbst zeitweise zu vergessen, wenn sich übergangslos mit der Figur identifiziert würde. Vielmehr kann immer noch die persönliche Haltung neben der des fiktionalen Charakters bestehen bleiben und mit der eigenen vergleichend betrachtet werden.

Auf Ebene der Story werden Personen aus verschiedenen Erzählungen oder Romanen beiläufig erwähnt oder treten selbst in Erscheinung, was die Anmutung hinterlässt, diese anderen Geschichten, die man gerade nicht liest, würden ein Eigenleben führen und nicht mit Abschluss der Lektüre ebenfalls enden.

Im Roman DER ANSCHLAG von 2011 etwa reist der Englischlehrer Jake Epping durch die Zeit. Im Derry des Jahres 1958 trifft er auf zwei Jugendliche – Beverly und Ritchie aus dem Roman ES (erschienen fünfunddreißig Jahre früher). Über mehrere Seiten erstreckt sich diese Begegnung, bei der die drei (zu einem Zeitpunkt außerhalb der Erzählzeit des früheren Romans) im Park miteinander Swing tanzen.

Anstatt sich, lesend, lediglich ‚in irgendeinem Roman‘ zu befinden, eröffnet sich abstrakt die Begegnung mit dem Unerwarteten, eine Welt in der Welt, der multidimensionale Blick in den Spiegel hinter dem Spiegel.

Mit jener erzählerischen Vorgehensweise wird nicht zuletzt vermittelt, die Wahrnehmung einer jeden Person sei ihre eigene und als solche selbstberechtigt (unübersehbar in literarische Form gebracht in DER BUICK [2002], wenn als Erzählprinzip verschiedene Perspektiven nebeneinanderstehen).

Dies wiederum impliziert, dass alle ihre individuelle Wahrheit haben und somit grundsätzlich gleichberechtigt endlos viele subjektive Wahrheiten existieren, welche Meinung auch immer bezüglich der der anderen man vertritt – ultimative Gegenkonstruktion zur Monomanie des Narzissmus.

So kennzeichnet auch im Kontrast zu dieser abstrakt wie konkret inszenierten Pluralität ebendie Neigung, jegliche Form von Unterschiedlichkeit abzulehnen, die Fixierung auf die eigene Sicht Kings destruktivere Figuren – und besonders seine Monster.

Wie Tony Magistrale dazu feststellt: „Das Böse in Kings Fiktion versucht immer, sein Wissen zum einzigen Wissen zu machen."[32]

Was zunächst banal erscheinen mag, erhält, wie eben schon erwähnt, tiefere Bedeutung im Kontext von Narzissmus – dessen Zurückgeworfensein auf sich selbst, auf die eigene Perspektive geht einher mit dem Desinteresse, die Sicht des Gegenübers nachzuvollziehen in seiner genuinen Berechtigung[33].

In Kapitel 2 wurde hierzu formuliert: ‚Horror aus Narzissmus folgt aus dem Empfinden der Weigerung, gesehen zu werden.'

Antithetisch zur Persönlichkeitsorganisation des Narzissmus indes ist es, die Pluralität subjektiver Empfindungen zu respektieren, und diesbezüglich setzt ihm King seine relativierende Multiperspektivität entgegen. Er zeigt Vielfalt in Einklang mit Autarkie als erstrebenswert im Kontrast zu seiner Vorstellung eines eindimensionalen, monotonen Bösen – so hebt etwa auch Magistrale die Fähigkeit der Verlierer hervor, ihrer Individualität Ausdruck zu verleihen und gleichzeitig miteinander in konstruktivem Austausch zu stehen[34].

Solche Ausgestaltungen erleichtern den Zugang zu der Wahrnehmung, dass nicht nur die persönliche Wahrheit relevant ist. Die eigene Person, für jede/n selbst Zentrum des Universums, wird dann folgerichtig als lediglich der winzige Teil dieses Universums deutlich, der sie tatsächlich ist – und in Kings Darstellungen vor allem, ohne dadurch an Wert zu verlieren.

Aus einer vermeintlich größeren Wichtigkeit des eigenen Seins als das der anderen ergibt sich selbstzentriertes Verhalten, das nicht nur in bedrohlichen Situationen destruktiv wirkt.

Wird sich jedoch als Teil des Ganzen wahrgenommen, relativiert dies in Extremsituationen die Gewichtung der individuellen Existenz, in Kings fiktionaler Welt Voraussetzung für das selbstlose Verhalten, das er seinen Figuren abverlangt[35].

Sie setzen sich ein für das Gemeinwohl, bringen Opfer, um andere zu retten. Den Gegenpol hierzu bildet ein

Louis Creed, der seinen egoistischen, wenn auch nach-vollziehbaren Wunsch, seinen Sohn zurückzubekommen, über alles stellt und damit seine Familie endgültig zerstört.

Kings Figuren und ihr Verhalten seien so eindeutig Fikti-on, wie Jenifer Jenkins ausführt, dass dies beim Lesen zwar durchaus präsent sei.

Jedoch gibt es „Belege dafür, dass, ebenso wie das Ge-hirn auf Beschreibungen von Gerüchen und Texturen und Bewegungen reagiert, als ob sie echt wären, es auch die Interaktionen zwischen fiktionalen Charakteren als etwas wie reale soziale Begegnung behandelt"[36].

Es werden dieselben neuronalen Regionen stimuliert wie bei entsprechenden Erfahrungen in der Realität, wo-durch bereits der Prozess des Nachvollziehens beim Lesen eine Wirkung habe, indem die Verhaltensweisen der Figu-ren auf diesem Wege mit sich selbst in Beziehung gesetzt werden. So kann ein emotionales ‚Mitgehen' mit dem Erzählten dazu führen, Wahrnehmungsmuster und Ereig-nisse in der eigenen sozialen Umwelt zu reflektieren.

Jenkins' Argument stellt damit eine Verknüpfung dar zwi-schen nachweisbaren Vorgängen im Gehirn und den bis-her angeführten Beobachtungen – das ganzheitliche An-sprechen individueller Erfahrungen im Lesen wirkt als Brücke, um die Welt der Fiktion in die eigene Realität zu übertragen.

Als konkretes Beispiel für diesen Einfluss kann ein Le-serbrief gesehen werden, der an Stephen King selbst ge-richtet ist:

„Was mich richtig getroffen hat, war, dass ich ein Mädchen kannte, das auf meine Schule gegangen ist, das genau wie Carrie war. Ihr Name ist Ramona Benkins. Ihr Name war schlimm genug. Carrie sah gut aus unter allem. Aber Ramona war einfach nur hässlich. Ihre Mutter sagte ihr, dass Jungs böse waren und nicht gut, deshalb war sie paranoid vor Jungs und ließ keinen in ihre Nähe kommen. Was alle Jungs dazu brachte, sie zu jagen und zum Weinen zu bringen. Ich bedaure zu sagen, dass ich mitgemacht habe. Ich habe mir nichts dabei gedacht, bis ich Ihr Buch gelesen habe und gesehen habe, wie Ramona sich gefühlt haben muss. Ich weiß nicht, wie ich so ein Arschloch sein konnte. Ich versuche, ihre Nummer zu bekommen, damit ich sie anrufen und mich entschuldigen kann. Also vielen Dank für Ihr Buch. Es hat mich ein bisschen erwachsener gemacht."[37]

Die verbindenden Elemente in Kings Prosa – modellhafte und abstrakte Inszenierungen von Kommunikation und emotionaler Verbundenheit – sind ebenso wie das gleichberechtigte Nebeneinanderbestehen von Gegensätzen und Unterschiedlichem antithetisch zu Narzissmus:

Während die narzisstische Wahrnehmung von innerer Spaltung und dem Schwanken zwischen Extremen bestimmt ist, wird beim Einlassen auf den Text durch das Aufgreifen verschiedener Anknüpfungspunkte intellektueller wie sensueller Art der Effekt ganzheitlichen Lesens ermöglicht.

Dessen entsprechende Wirkung lässt sich durch weitere Überlagerungen und Verstärkungen noch intensivieren.

Hierbei handelt es sich um eine Herleitung für die eingangs beschriebene Leserresonanz, die zwar kaum nachweisbar ist, auf individueller Ebene jedoch offensichtlich besteht. Mit ihr wird es möglich, die beschriebenen Ereignisse nicht als Abfolge spannender Episoden lediglich zu konsumieren: Auch die psychische und soziopolitische Dimension von Kings Schreiben, wie im Folgenden thematisiert, wird damit emotional zugänglicher.

KULTURELLE ARBEIT

Die amerikanische Literaturwissenschaftlerin Jane Tompkins sieht Literatur als Produkt der Kultur, in der sie entsteht, die Leserschaft populärer Romane ist für sie entsprechend relevant für ihre Bedeutung. In diesem Sinne veröffentlicht sie 1985 die Monografie SENSATIONELLE DESIGNS. Es führt ihre Darstellung der Leserresonanz fort und beinhaltet das Konzept kultureller Arbeit.

Tompkins befasst sich dort mit Werken klassischer amerikanischer Prosa, deren Wert sie nicht am Schreibstil, sondern an ihrer Wirkung bemisst – Texte, die viel gelesen werden, jedoch aufgrund literarischer Schwächen nicht als Teil des offiziellen Kanons gelten, etwa Romane wie LEDERSTRUMPF (1823–1841) oder ONKEL TOMS HÜTTE (1852).

Tompkins sieht den Grund für diese Ausgrenzung in „einer Abwesenheit fein ausgearbeiteter Charaktere, einem Mangel an Wahrscheinlichkeit in der Handlungsfolge, einem exzessiven Vertrauen auf Plot und einer gewissen Sensationslust in den dargestellten Ereignissen"[38]. Keiner der von ihr untersuchten Romane erfülle die Merkmale, die jene als ‚richtige Literatur' qualifizieren würden, etwa einen einzigartigen und formal hochwertigen Schreibstil.

Die Bedeutung der Texte liege nach Tompkins jedoch darin, dass sie reale Probleme der Alltagswelt aufgreifen und nicht zuletzt Lösungsvorschläge bieten. Sie fragt nach dem Einfluss von Literatur auf ihre Leser/innen, danach, wie sie diese „tief bewegt"[39].

Ein Text, der eine solche Wirkung hervorruft, sei ihr zufolge bei aller literarischen Mittelmäßigkeit einzigartig in seiner Leistung darin, aufzugreifen, was eine große Zahl von Menschen seiner Zeit anspricht und berührt.

So wird offensichtlich, weshalb Linda Badley Kings Romane in Zusammenhang mit Tompkins' Auffassung von kultureller Arbeit nennt – sie werden von einem großen Publikum gelesen, thematisieren zeitgenössische Probleme und beinhalten zugleich auch Lösungsangebote[40].

Letztere bestehen oftmals abstrakt, etwa durch ideales Rollenverhalten der Figuren – wie im Roman DAS INSTITUT jedoch auch mal höchst konkret, wenn Luke Ellis seiner Bekanntschaft Maureen (und damit sämtlichen in der Realität betroffenen Amerikaner/inne/n) quasi eine Gebrauchsanweisung an die Hand gibt, wie sie sich skrupelloser illegaler Schuldeneintreiberei erwehren kann.

Zur Zeit des Schaffens Stephen Kings leben andere Menschen als in der, auf die Jane Tompkins ihre Untersuchungen bezieht (Prosa zwischen 1790 und 1860). So stellt sich die Frage, wie der Alltag der Menschen aussieht, über die King schreibt, weshalb seine Geschichten auf viele so anziehend wirken.

Wer liest seine Bücher? Wer kommt dadurch mit dem in Berührung, was als kulturelle Arbeit bezeichnet wurde, und lässt sein Schreiben dadurch zu einer solchen werden?

Gary Hoppenstand stellt 1991 fest, mit Bezug auf seine „Erfahrung als Buchhändler und als Dozent über zehn Jahre, wenn ich sage, dass ich alle Typen von Lesern mit einem Stephen-King-Buch in der Hand gesehen habe"[41] – „Kings Anziehungskraft beschränkt sich nicht auf geschlechts- oder altersspezifisches Publikum"[42].

Dies mag vor allem mit dadurch bedingt sein, dass er alltägliche Sorgen aufgreift und zum Teil der Geschichten werden lässt. Hierdurch berührt er in Leser/inne/n, unabhängig von vielleicht verschiedenen Lesevorlieben, das, was er scheinbar ohnehin in ihnen ansprechen will – ihr Menschsein.

Besonders die früheren Romane haben ihren Schauplatz im ländlichen Maine, wo King selbst aufgewachsen ist und bis heute (sommers) lebt. Seine Figuren sind Amerikaner/innen; was sie jedoch ausmacht, ist ihre Menschlichkeit, die vielmehr universell ist als amerikanisch.

Es handelt sich um Bewohner/innen der zumeist kleinen Stadt, in der die jeweilige Handlung spielt – fiktive, der Wirklichkeit nachempfundene Orte wie Castle Rock, Derry oder Jerusalem's Lot. Durch realitätsnahe Dialoge und Dia- und Soziolekte soll die fiktive Welt der echten so ähnlich scheinen wie möglich.

King schreibt damit über den großen Teil der amerikanischen Bevölkerung, der sonst wenig Beachtung erfährt in Bestsellern, was ebenfalls zu seiner Popularität beiträgt[43]. Im Interview (1983) spricht er über Zuschriften, die er erhalten hat: „Leute sagen zum Beispiel: ‚Sie erwähnen AC/DC in einem Buch. Wie haben Sie von AC/DC erfahren?' Es ist, als ob sie sich an die Idee gewöhnt haben, unterhalb der Wahrnehmung von jemandem zu sein, der irgendwie mit Literatur zu tun hat, von irgendjemandem, den es genug interessiert, um überhaupt zu schreiben."[44]

King interessiert es, und er schreibt, wodurch seine Leser/innen sich von ihm wahrgenommen fühlen[45].

Dieses Interesse bezieht sich allerdings auf sämtliche Facetten des alltäglichen Miteinanders.

So übt er als Teil der oft auf zunächst mysteriösen Ereignissen beruhenden Geschichten Kritik an Missständen auf gesellschaftlicher wie individueller Ebene, indem er sie zum Hintergrund der Erzählung macht und unmerklich als den eigentlichen Horror wirken lässt.

King thematisiert interpersonelle wie soziale Strukturen, die von Unfähigkeit und Machtmissbrauch gekennzeichnet sind, schreibt über Mitläufer, sadistische Rädelsführer und die sie verbindende Gruppendynamik ebenso wie über Gewalt durch Fremde, Mobbing, dysfunktionale Familien oder gewalttätige Partner/innen.

Die Nähe der erfundenen zur realen Welt ist hier nicht nur Voraussetzung für den Schockeffekt des Übernatürlichen. Sie ist auch Rahmen für Kritik, wenn Lebensumstände mit all ihren unerfreulicheren Details abgebildet werden.

Das Bild eines zeitgenössischen Amerikas zu zeichnen in Verbindung mit stereotyp wirkenden einzelnen Figuren[46] ermöglicht es, die entsprechenden Strukturen mit individuellem Verhalten in Verbindung zu bringen, wenn es, von King so subtil wie nichtsdestoweniger eindeutig inszeniert, als Teil dieser Strukturen erkennbar wird. Auch hier wechselt er zwischen Perspektiven, zwischen Mikro- und Makrostruktur[47], offenbart den böswilligen Soziopa- then und alltäglichen Horror häuslichen Missbrauchs ebenso wie die korrumpierende Institution als mögliche Quelle von Bedrohung.

Individuum und Gesellschaft greifen hierbei, ebenso wie in der Realität, ineinander und bedingen sich gegenseitig. King zeigt, ohne seine Figuren aus der Verantwortung zu nehmen, gesellschaftliche Verhältnisse auf, die Fehlver- halten befördern und für dieses mit Ursache sind.

Unwesen wird als Folge des Zusammengehens freier Entscheidungen Einzelner und vorherrschender Verhält- nisse dargestellt, etwa wenn in CARRIE das Böse aus dem Verhalten der Menschen entsteht, die es jedoch nur ausle- ben können, weil die Gesellschaft es duldet – Chris Har- gensen, die Carrie am unerbittlichsten quält, wird zuletzt zwar suspendiert, hat zu diesem Zeitpunkt jedoch bereits eine so erfolgreiche wie ungestörte Mobbing-Karriere hinter sich.

Bei den charakterlichen Vergehen in Kings Prosa handelt es sich um die von Alltagsmenschen, um die des Nach- barn oder von Familienmitgliedern; dadurch wird (zu- sammen mit der reinen Anzahl an Texten) unausgespro- chen eine Normalität der beschriebenen Zustände, dessen, was eigentlich die Ausnahme sein sollte, impliziert.

Der Umgang mit den entsprechenden Verfehlungen ist elementarer Teil der jeweiligen Geschichte, da die Ent- scheidungen der Figuren das Schicksal anderer beeinflus- sen und oft weitreichende Folgen haben; eine Verknüpfung, mittels derer King uns das Ineinanderwirken von Individuum und Gesellschaft in Erinnerung ruft.

Auch wenn die Geschichten in fiktiven Welten spielen, wie etwa in DIE AUGEN DES DRACHEN im Königreich Delain, ein märchenhaft-mittelalterliches Königreich mit Drachen und Hexenmeistern, und nicht in Maine oder anderswo im jeweils zeitgenössischen Amerika, lässt es uns einen emotionalen Bezug zum Erzählten herstellen, dass die Charaktere auch in einem offensichtlich erfundenen Universum ebenso authentisch gezeigt werden wie im realen Alltag. Allein auf dieser Ebene fühlt man sich ihnen über die geteilte Menschlichkeit nahe.

So tritt Prinz (und späterer König) Thomas in diesem Roman als unsympathischer, schwächlicher Junge in Erscheinung, der dennoch vom Erzähler in Schutz genommen wird. Sein Vergehen bis hin zum Verrat am eigenen Bruder verzeiht man ihm dadurch tatsächlich fast, gerade weil die Gründe für sein späteres Fehlverhalten schon fast gewissenhaft von früher Kindheit an nachgezeichnet und nachvollziehbar gemacht werden als indirekter Appell, dennoch das Gute auch in Thomas nicht zu vergessen, das trotz allem immer noch in ihm steckt.

Thomas lebt zwar in einer mittelalterlichen Märchenwelt, wir fühlen uns ihm jedoch durch die gnadenlose Offenlegung seiner intimsten Schwächen verbundener als vielleicht so manch wirklicher Person; und hier schließt sich der Kreis von allgemein verbreitetem (und daher nachvollziehbarem) Fehlverhalten zurück zum Einzelnen.

Denn auch wenn die Strukturen (Naturalismus) dysfunktionales Verhalten fördern mögen – zuletzt rekurriert King stets auf die Eigenverantwortung des Individuums, unabhängig vom ‚Schwarm‘ unmoralisches Verhalten als solches zu erkennen, der ‚Wahrheit, wie das Herz sie kennt‘ zu folgen und den eigenen Standpunkt entsprechend zu verteidigen.

THE DARK HALF

Als Element von *Gothic* wurde genannt, dass das Dargestellte keine klare Interpretation des Plots erlaubt und damit konzeptionell die Berechtigung von Festlegung auf verbindliche Deutung an sich infrage gestellt wird.

Abstrakt lässt sich die relativierende Mehrdeutigkeit von *Gothic – two things can be real –* als Gegenentwurf sehen zur Monomanie des Narzissmus:

Für die narzisstische Persönlichkeit ist es innere Unmöglichkeit, als positiv ebenso wie als negativ empfundene Anteile der eigenen Person gleichzeitig bewusst wahrzunehmen, nebeneinander bestehen zu lassen: Hierfür wäre konstruktiver Umgang mit inneren Grenzen notwendig (zwischen ‚gut‘ und ‚schlecht‘)[48], das Vermögen, diese scheinbare Diskrepanz zuzulassen. Es wird sich jedoch vielmehr mit jeweils einem Aspekt identifiziert und der andere in diesem Moment ausgeblendet[49]. Mental-emotionale Relativierung jener Selbstwahrnehmung – das Gegenteil einer Schwarz-Weiß-Sicht (Horror), wie es auch der *Gothic*-Konzeption entspricht –, die Fähigkeit (und Bereitschaft), beide Seiten als Teil von sich zu kennen, wäre erforderlich, um die entsprechende Spaltung zu überwinden.

Einer abstrakten wie zugleich konkreten Ausarbeitung

138

dieses Komplexes entspricht es, wenn King im Supernatural-Crime-Thriller DER OUTSIDER von 2018 das Sowohl-als-auch, den Gegenpart zum narzisstischen Aufgehen im Extrem, mit der Romanhandlung verwebt.

So wird Ralph Anderson, der fälschlicherweise den beliebten Lehrer und Coach Terry Maitland öffentlichkeitswirksam wegen Vergewaltigung und Mord verhaftet, später als „guter Mann, der einen schlimmen Fehler gemacht"[50] habe, bezeichnet. Als sich Maitlands Unschuld herausstellt, nachdem er aus Rache erschossen wurde, muss vor allem Anderson selbst diesen scheinbaren Widerspruch für sich akzeptieren, um sein Leben normal weiterführen zu können.

Hier wird subtil der Gegenpol zu pauschalem Schwarz-Weiß-Denken in den Raum gestellt, das im Narzissmus pathologisch zum bestimmenden Wahrnehmungsmuster wird[51].

Solche konzeptionellen Kontrapunkte zur narzisstischen Limitation, so beiläufig sie daherkommen, gewinnen ihre Bedeutung aus der Kontinuität, mit der sie in zahlreichen Geschichten präsent sind.

Kings Plädoyer für das Anerkennen der eigenen Fehlbarkeit, ohne dabei in ihr aufzugehen, sowie ein Nebeneinanderbestehen von (scheinbaren) Gegensätzen, das er auf verschiedenen Ebenen verbildlicht, ist der Verfasstheit von Narzissmus entgegengesetzt entsprechend der Fähigkeit einer stabilen Psyche, den scheinbaren Widerspruch zwischen als gut und als schlecht empfundenen Anteilen an sich selbst zu ertragen und somit die eigenen Schwächen zu kennen, ohne sich dafür zu verdammen[52].

Eine Variante von zunächst erfolgender Verdrängung und dem späteren Annehmen des inneren Abgrunds setzt er literarisch um in *STARK – THE DARK HALF*.

Dort ist Bild für die Annäherung an die eigenen Schwächen Thad Beaumonts Beziehung zu George Stark – nur auf diesem Weg, durch die Akzeptanz seines Dunklen Zwillings, kann Thad zuletzt den Kampf darum, welche seiner beiden ‚Seiten' überleben wird, für sein eigentliches Ich entscheiden.

Auch die Entwicklung der Handlung von FEUERKIND beruht auf diesem innerlichen Prozess – Charlie beginnt schließlich, das Feuer in ihr (das zuvor durch die Eltern als negativ belegt wurde) als Teil von sich anzuerkennen, wodurch es ihr möglich wird, es zu ihrer Befreiung einzusetzen.

Modellhaft inszeniert King die vollendete Integration der ‚Dunklen Seite', wenn diese nicht bekämpft wird, sondern wenn Devin Jones in *JOYLAND* offen vor sich selbst (und der Leserschaft) die eigenen Gedanken quasi unzensiert ausbreitet:

„Es war niemals eine konstante Sache, aber habe ich mit einer gewissen Bosheit an sie gedacht in der schweren Zeit nach der Trennung? Ja. Es gab lange und schlaflose Nächte, wenn ich dachte, sie verdiente etwas Schlimmes – vielleicht wirklich Schlimmes –, das ihr dafür passierte, wie sie mich verletzt hatte. Es bestürzte mich, so zu denken, aber manchmal tat ich es. Und dann dachte ich an den Mann, der in Horror House hineinging mit seinem Arm um Linda Gray und der zwei T-Shirts anhatte. Der Mann mit dem Vogel auf seiner Hand und einer Rasierklinge in seiner Tasche."[53]

140

Hier handelt es sich um einen Gegenentwurf zur Verleugnung, indem gezeigt wird, wie selbstverständlich Devin die ihm selbst schrecklichen Auswüchse seines Liebeskummers als Teil von sich akzeptiert.

Er weiß, dass es sich bei den Vorstellungen eines gewaltsamen Todes seiner Ex-Freundin (impliziert durch den Verweis auf den Mord an Linda Gray) um Folgen seiner Verletztheit handelt und er nicht wirklich will, dass ihr etwas zustößt. Devin verheimlicht seine Aggression nicht, weder vor sich noch vor seinem Publikum, und hat damit emotionale Kontrolle über sie[54].

Stets balanciert King das Bewusstsein dafür, wie normal es ist, Schwächen zu haben, und nichtsdestoweniger dafür verantwortlich zu sein, sich diesen zu stellen.

So bezeichnet Douglas Winter Jack Torrance „trotz seiner Unzulänglichkeiten – tatsächlich teilweise wegen ihnen" als „äußerst menschlich, sympathisch und vergebungswürdig"[55]. Der Roman endet deshalb tragisch, weil Jack (narzisstisch entgrenzt) in dem Abgrund in sich versinkt, anstatt gegen ihn anzukämpfen.

Während die Aufmerksamkeit beim Lesen durch den Spannungsaufbau in Anspruch genommen wird, eröffnen sich beiläufig Einblicke in die intimsten Gedanken der Charaktere. Entsprechend stellen sich Kings Beschreibungen alltäglicher Niedertracht leicht einfach nur als Teil der Geschichte dar – der sie schließlich auch sind, denn aus den Motivationen der Figuren entwickelt sich ihr Verlauf.

Das Mitverfolgen jener seelischen Vorgänge entfaltet seine eigene Wirkung, da sich, bewusst oder nicht, die Erkenntnis einstellt, dass sie zu verstehen möglich ist aufgrund des Wiedererkennens der zugrunde liegenden inneren Prozesse, vielleicht auch gerade der niederen Beweggründe darunter, an sich selbst.

Jenifer Paquette stellt hierzu fest: Die „Leser sind nicht in der Lage, den Spiegel zu ignorieren, der vor sie gebracht wurde"[56]. Jene Aussage steht im Gegensatz zu dem gängigen Kritikpunkt, dass Horrorfiktion ‚Fluchtliteratur‘ sei – Werke, die gelesen werden, um sich dem Alltag zu entziehen.

Dies gilt sicherlich für jedes Medium, das es erlaubt, die eigene Lebenswelt zu vergessen und auch aus jenem Grund konsumiert wird. Gerade Horrorfiktion kann jedoch sogar eine Auseinandersetzung sein, wie Paquette oder auch Winter anmerken[57] – eine solche wird durch den Fiktionscharakter tatsächlich begünstigt, da dieser eine indirekte Konfrontation erlaubt, die in der Realität vielleicht lieber vermieden würde[58]. Durch den Abstand zur erfundenen Welt ist es leichter, entsprechende Erkenntnisse überhaupt zuzulassen und dem Abgrund dennoch, sozusagen aus sicherer Entfernung in der privaten Situation des Lesens, ins Gesicht zu sehen[59].

Stephen King erleichtert diesen Blick, indem er nahelegt, dass es elementar ist (in seinen Szenarien sogar oft lebensrettend), seine ‚negativen‘ Eigenschaften zu kennen, um ihnen angemessen begegnen zu können und sich nicht von ihnen beherrschen zu lassen.

Auch wenn dies hervorzuheben banal erscheinen mag, es handelt sich bei konstruktiv kritischer Selbstreflexion um das, was sich durch jede/n Einzelne/n den Hindernissen im zwischenmenschlichen Umgang nachhaltig entgegensetzen lässt – und zugleich um den blinden Fleck in der narzisstischen Selbstwahrnehmung.

Nicht zuletzt erreicht King eine vorsichtige Annäherung an persönliche Schwächen, indem er auch die eigene Fehlbarkeit nicht versteckt – ein Grund dafür, weshalb er die Tür zum Innersten seiner Leser/innen findet und unbemerkt öffnen kann, ist die Authentizität, die spürbar enthalten ist. Es handelt sich eben nicht lediglich um Erfindungen eines Schriftstellers, sondern wahrnehmbar auch um dessen emotionalen Zugang zum eigenen Text. So ist Jack Torrance' Verhalten gegenüber Frau und Sohn Kings eigenem aggressiven Verhalten während der Entstehung des Romans nachempfunden[60].

Im Interview äußert er sich zu Gedanken und Impulsen, die er zu dieser Zeit hatte: „Das Kind hat nicht aufgehört zu schreien, mitten in der Nacht. Ich bin aufgestanden, um dem Kind eine Flasche zu bringen, und irgendwo im Hinterkopf, in irgendeinem Ablaufkanal dahinten, regt sich ein Alligator ... mach, dass es aufhört zu schreien. Du weißt, wie du das tun musst – nimm das Kissen."[61]

Mit dieser Echtheit und der Verknüpfung mit dem *Suspense*-Plot gelingt es ihm mit *SHINING*, seine Leser/innen mit sich zu ziehen und sie an der unter anderem Darstellung eines Ehe- und Familiendramas lesend teilnehmen zu lassen, obwohl sie speziell in diese Richtung sonst vielleicht gar nicht hätten mitgenommen werden wollen[62].

Es werden nicht nur menschliche Abgründe mittels der Figuren sichtbar; durch Kings Offenbarung bringt er vielmehr zum Ausdruck, dass niemand allein ist mit seinen Defiziten. Er selbst ist keine Romangestalt, sondern eine reale Person, die an dieser Stelle öffentlich zu den seinen steht.

Stephen King stellt Unmittelbarkeit her zwischen seiner Autorenpersona, seinen Figuren und den Leser/inne/n. Dies erreicht er durch die Verknüpfung der Alltäglichkeit der Charaktere und der so empfundenen Nähe zum Erzähler; sein auf die Beteiligung von Sinnen und Emotionen abzielender Schreibstil trägt außerdem dazu bei, die Welt der Fiktion im Lesen direkt heranrücken zu lassen.

Er eröffnet die Möglichkeit, destruktive Verhaltensweisen an ‚anderen' wahrzunehmen – den Figuren –, und dann, bei ausreichender Selbstehrlichkeit, an sich selbst. Ihre Universalität legt nahe, dass was sie treibt, menschlich ist, und damit in allen angelegt.

Entsprechend werden mit ihnen auch ihre Unzulänglichkeiten geteilt. Diese nehmen einen zu großen Anteil an den Geschichten ein, um ausgeblendet werden zu können, und letztlich müssen sie als Gemeinsamkeit anerkannt werden.

Dabei wird, bei aller Abgründigkeit, die seine Geschichten bestimmt, gleichzeitig ein positives Signal gegeben – es ist nicht zuletzt tröstlich, wie King Fehlbarkeit abbildet.

Wenn an den alltäglichen Charakteren der Geschichten, gerade den positiv gezeichneten, ihre individuellen und gleichzeitig menschlichen Verfehlungen offenbar werden, zeigt er damit auch, wie ‚normal' es ist, solche zu haben.

Diese Vorstellung ist elementares Gegengewicht zum Aufgehen im Absoluten des Narzissmus, in dessen Rahmen negative Eigenschaften je nach Stimmung ausgeblendet oder zur einzigen Wahrheit werden.

Es ist damit ein Weg aus dieser pathologisch narzisstischen Selbstwahrnehmung, die auf den Extremen von

Selbsterhöhung oder Selbstverdammung beruht, indem zum Ausdruck gebracht wird – es ist in Ordnung, Fehler zu machen, unvollkommen zu sein, solange dies nicht verdrängt und dadurch den zugrunde liegenden Anteilen die Kontrolle überlassen wird[63].

Für den Balanceakt, Unvollkommenheit an sich selbst zu sehen, ohne sich wertlos zu fühlen, ist in der Offenlegung die Hilfestellung bereits enthalten.

In Kings Szenarien entsteht durch ihr Anerkennen tatsächlich ein Vorteil, der aus der Bedrohung herausführt. Notwendig ist zuletzt die Entscheidung, diesen Weg zu gehen.

MUT IM ANGESICHT DES SCHRECKENS

Für King ist es Aufgabe von Literatur, ‚uns die Wahrheit über uns selbst zu sagen‘.

Dazu gehört die ungeliebte Auseinandersetzung mit der eigenen Fehlbarkeit ebenso wie die, vielleicht weniger offensichtlich, mit individuellen Stärken, die ebenfalls teils erst genutzt werden können durch realistische Selbstkenntnis und den Glauben an sich.

Er zeigt verborgene Ressourcen oft als letztes Mittel zur Rettung. Damit seine Figuren Zugang zu ihnen erhalten, müssen sie ihre Gefühle bewusst wahrnehmen, sie ernst nehmen und sich von ihnen führen lassen, Stärken ebenso kennen wie Schwächen, um so zu ihrem eigentlichen Potenzial zu finden und damit den Horror zu überwinden.

Auf das eigene Bauchgefühl zu vertrauen, wird in Stephen Kings Welt nicht nur durch die oft übernatürliche Art der Bedrohungen erforderlich.

Intuitionen oder Ahnungen zu respektieren und ihnen nachzugeben, auch wenn andere das daraus folgende Verhalten nicht nachvollziehen können, kann den Ausschlag dafür geben, am Ende zu überleben. Figuren scheitern, die nicht auf ihre ‚wahre' innere Stimme hören, während diejenigen aus Gefahr herausfinden, die sich auf ihre Eingebung verlassen und sich ihr entsprechend verhalten.

Glaubwürdigkeit verleiht King seiner Ausgestaltung von Intuition, indem er die Figuren oft genug selbst an jener zweifeln lässt. So berichtet etwa Jamie Morton in REVIVAL (2014): „Mein Herz sagte, sie war es; mein Kopf sagte meinem Herzen, vorsichtig zu sein und nichts zu vertrauen."[64] (Sie war es.)

Im Roman DER ANSCHLAG erinnert sich George Amberson, wie ihm ein Psychologieprofessor vom „Eingebungsdenken" erzählt – über dieses würden vor allem Mystiker und Gesetzlose verfügen (eine Erfindung Kings). Der Professor rät: Wenn es sich meldet, sollte man darauf hören. Amberson nimmt diese Erinnerung selbstironisch als Legitimation, sich in einer bestimmten Situation als ‚Gesetzlosen' zu sehen; dadurch kann er sich ‚erlauben', seinem Eingebungsradar zu folgen, als er ihn zum ersten Mal deutlich vernimmt (als mentales „Ping"), und daraufhin ohne anderweitigen äußeren Grund seinen derzeitigen Wohnort zu verlassen. Dies rettet ihm, wie sich später herausstellt, das Leben.

Eingebungen zu ignorieren dagegen führt in die Katastrophe. Bernadette Lynn Bosky thematisiert diesen Aspekt von Kings Werk bereits 1986 am Beispiel Louis

Creeds, der als Arzt und wissenschaftlich orientierter Mensch sämtliche übernatürlichen Warnungen vor dem indianischen Begräbnisplatz rational wegzuerklären versucht und dadurch sich selbst und alle, die er liebt, zerstört.

Bosky hebt Kings „realistischen und komplexen"[65] Umgang mit der Thematik hervor – anstatt Intuition als unfehlbar darzustellen, wird sie vielmehr als „lediglich grundsätzlich verlässlich"[66] präsentiert. Die Figuren haben die Verantwortung, sie von alltäglichen Gefühlen wie Sorge oder Angst zu unterscheiden.

Es wird kein Handlungsmuster gezeichnet, dem entsprechend der Intuition zu folgen gut, Logik und Rationalität dagegen schlecht wären. Im Gegenteil – „wenn Logik und Verleugnung zu oft Handeln verhindern, das auf berechtigten Eingebungen beruht, vermögen sie ebenso als Schutz zu wirken, indem sie emotionale Unausgeglichenheit vermeiden"[67]. King zeigt das ‚Bauchgefühl' als inneren Kompass, zu respektierende Orientierungshilfe im Leben, ohne nahezulegen, dass es die einzige ist, oder sein sollte.

Seine Darstellung des Umgangs mit Eingebungen drückt Bosky zufolge seinen allgemeinen „Optimismus in Bezug auf menschliche Psychologie und ihre Fähigkeit, unser emotionales Wohlergehen unter den schwierigsten Umständen zu erhalten"[68] aus und damit letztlich seinen „romantischen Glauben an den menschlichen Geist"[69].

Gerade in den früheren Romanen wird dieser auch mittels der Kinder verkörpert – sie stehen für King für das Gute, für Unschuld. Die Kinder, die vielmals aggressiven Erwachsenen körperlich wenig entgegenzusetzen haben[70], verfügen dabei über eine Intuition, die an Hellsichtigkeit grenzt. Bei Danny Torrance ist das *Shining* tatsächlich eine Form von Telepathie, aber auch Charly McGee oder Ellie Creed sind ausgeprägt sensibel und haben Vorahnungen und seherische Träume, die als Ausdruck gesehen werden können für die erweiterte Wahrnehmung der Kindheit.

Die inneren Vorgänge der Figuren auf die Lebenswirklichkeit der Leser/innen zu übertragen, ist, wie mit Jenifer Jenkins nahegelegt wurde, möglich, da die entsprechenden Reaktionen auch in der Realität vorhanden sind und somit über kognitiv-emotionale Prozesse nachvollzogen werden können; etwa wenn es darum geht, Angst, Gefühle von Unzulänglichkeit oder Machtlosigkeit zu überwinden. So werden Gedanken und Entscheidungen ebenso wie die Ängste, aber auch die Selbstaufmunterungen Trisha McFarlands, die sich im Roman DAS MÄDCHEN (1999) in den Weiten der undurchdringlichen Wälder Maines verläuft, mehrdimensional literarisch umgesetzt und lassen sich auf diesem Weg unmittelbar mitfühlen[71] – nicht zuletzt dadurch, dass es sich bei ihr um einen normalen Teenager handelt, deren Sorgen und Nöte leicht nachvollziehbar sind.

Wenn sie sich mit buchstäblich letzter Kraft dem gruseligen Waldgott entgegenstellt und zu dessen ausgeprägter Überraschung mit ihrem Walkman nach ihm wirft, ist ihre Standhaftigkeit im Angesicht des übernatürlichen Schreckens ein Vorbild, das sich bei aller Fiktionalität imitieren lässt.

Sensationelles, ganzheitliches Schreiben ebnet den Weg zur Übertragbarkeit der erfundenen Geschehnisse in die Gefühlswelt der Leser/innen.

Dabei verbindet King in seinem Werk die Konzeption von Unschuld, den Sinn für das Wunder, den Glauben an Magie, die für ihn die Zeit der Kindheit ausmachen, mit der erwachsenen Eigenschaft, sich selbst zu reflektieren, sich selbst zu sein.

Er inszeniert damit eine Synthese der idealen Elemente beider Lebensphasen, um das Gute in sich zu finden, über sich selbst hinauszuwachsen und dies in Handlung zu übertragen.

An sich selbst zu glauben, die eigene Angst zu überwinden, in Erkenntnis des Guten oder aus Liebe für andere für diese einzustehen, besiegt in seinen Geschichten das Böse.

Dabei handelt es sich nicht um Zauberstäbe oder andere magische Gegenstände, die nur in der Fiktion existieren, sondern um den Umgang der Figuren miteinander und mit sich selbst – ihre Fähigkeit zu kommunizieren, mit anderen sowie mit sich innerlich in Verbindung zu treten.

Den freien Willen, der nötig ist, Entscheidungen zu treffen, und der diesen moralischen Wert verleiht, lässt King ihnen unbenommen. Ihre Handlungen ergeben sich aus Empathie und der Fähigkeit, den eigenen Standpunkt verlassen zu können, ihre eigenen Bedürfnisse unter die des Gemeinwohls zu stellen.

Dies steht im Kontrast zu narzisstischem Verhalten, dem King hierdurch einen Gegenentwurf setzt und das im vorliegenden Text hinsichtlich seiner Bedeutung für den modernen Horror betrachtet wird.

1 Vgl. z. B.: Smith, Guy N.: *Snowbound in the Overlook Hotel*. In: Herron (Hg.) 1992.

2 King 2010b, S. 174.

3 King 2010c, S. 337.

4 King, Stephen: *The Gunslinger. The Dark Tower I* (1982). *Foreword*. Überarbeitete und erweiterte Ausgabe. Signet, New York, S. xi.

5 Tompkins, Jane (Hg.): *Reader-Response Criticism*. The Johns Hopkins University Press, Baltimore / Maryland, 1980, S. xvii; vgl. außerdem: Badley 1996, S. 12.

6 King 2010b, S. 174.

7 Paquette 2012, S. 129.

8 Vgl. Beahm, George: *The Stephen King Companion. Four Decades of Fear from the Master of Horror*. Thomas Dunne Books / St. Martin's Griffin, New York, 2015, S. 37–38.

9 King 2010c, S. 337.

10 Nolan, William F.: *The Good Fabric: of Night Shifts and Skeleton Crews*. In: Underwood/Miller (Hg.) 1987, S. 106.

11 Dath, in: Schnellbach, Gerald: Interview mit Dietmar Dath, 21.09.2009, [online] https://www.stephen-king.de/div-interviews/ interviews-mit-autoren/83-dietmar-dath.html/ [Zugriff: 05.08.2023] Antwort 6.

12 Badley 1996.

13 Tessier, Thomas: *The Big Producer*. In: Herron (Hg.) 1992, S. 72.

14 King 1982a, S. 38.

15 Vgl. Casebeer 2004, S. 95–96.

16 Perry, Michael: *How to Draw a King: Duma Key, Blues, Literary Modernism, and the Artist*. In: Simpson, Philip L.; McAleer, Patrick (Hg.): *Stephen King's Contemporary Classics. Reflections on the Modern Master of Horror*. Rowman & Littlefield, Lanham / Maryland, 2015, S. 142.

17 Christian, Barbara: *Trajectories of Self-Definition: Placing Contemporary Afro-American Women's Fiction*. Zit. in: Perry 2015, S. 141. [→ Sekundärzitate]

18 King 2010b, S. 64.

19 Vgl. Badley 1996, S. 18.

20 Vgl. Yarbro, Chelsea Quinn: *Cinderella's Revenge – Twists on Fairy Tale and Mythic Themes in the Work of Stephen King*. In: Underwood/Miller (Hg.) 1984, S. 72.

21 Etchison, Dennis: *Foreword*. In: Herron (Hg.) 1992, S. 4.

22 King, in: Beahm, George: *Stephen King: Celebrity Writer or*

Modern Master? In: Coddon 2004, S. 33.

23 Fletcher, Jo and King, Stephen: *Interview.* In: Herron (Hg.) 1992, S. x.

24 Vgl. Yarbro 1984, S. 72.

25 Vgl. Badley 1996, S. 42.

26 Vgl. Badley 1996, S. 40; Paquette 2012, S. 46.

27 King, in: *The Fright Report.* Zit. in: Winter, Douglas: *The Art of Darkness.* New American Library, New York, 1984, S. 42.

28 King, Stephen: *Desperation* (1996). Signet, New York, 1997, S. 138.

29 King, in: Underwood/Miller (Hg.) 1990, S. 195.

30 Casebeer 2004, S. 96.

31 Underwood/Miller (Hg.) 1989, S. 38.

32 Magistrale 1992, S. 117.

33 Vgl. Dieckmann 2011, S. 91.

34 Magistrale 2010, S. 65.

35 Vgl. Yarbro 1984, S. 70.

36 Paul, Annie Murphy: *Your Brain on Fiction.* Zit. in: Jenkins, Jennifer: *Fantasy in Fiction. The Double-Edged Sword.* In: McAleer, Patrick; Perry, Michael A. (Hg.): *Stephen King's Modern Macabre. Essays on the Later Works.* McFarland & Company, Inc., Publishers, Jefferson / NC, 2014, S. 14. [→ Sekundärzitate]

37 Anonym. Zit. in: Davis 1994, S. 22.

38 Tompkins, Jane: *Sensational Designs. The Cultural Work of American Fiction 1790–1860* (1985). Oxford University Press, New York, 1986, S. xii.

39 Tompkins 1986, S. xiv.

40 Vgl. Tompkins 1986, S. xvii.

41 Hoppenstand, in: Davis 1994, S. 172.

42 Hoppenstand, in: Davis 1994, S. 172.

43 Vgl. Paquette 2012, S. 46.

44 King, in: Underwood/Miller (Hg.) 1990, S. 161.

45 Paquette 2012, S. 46.

46 Paquette 2012, S. 71, 72.

47 Vgl. King 1983, S. 344.

48 Vgl. Dieckmann 2011, S. 129.

49 Vgl. Sachse 2004, S. 30.

50 King, Stephen: *The Outsider* (2018). Scribner, New York. First Export Edition, 2019a, S. 267.

51 Vgl. Dieckmann 2011, S. 97; und

Symington, Neville: *Narcissism. A New Theory* (1993). Karnac Books, London, 1998, S. 20.

[52] Vgl. Dieckmann 2011, S. 37; Symington 1998, S. 24.

[53] King, Stephen: *Joyland.* Titan Books, London, 2013, S. 44–45.

[54] Vgl. Symington 1998, S. 27.

[55] Winter 1984, S. 48.

[56] Paquette 2012, S. 25.

[57] Winter 1984, S. 100; Paquette 2012, S. 38, 39.

[58] Vgl. Casebeer 2004, S. 97–98.

[59] Paquette 2012, S. 27.

[60] King, in: Underwood/Miller (Hg.) 1990, S. 246.

[61] Dyson, Cindy: *Biography of Stephen King.* In: Bloom 2002, S. 26–27.

[62] Vgl. Paquette 2012, S. 26; vgl. Casebeer 2004, S. 97, 98.

[63] Vgl. Sachse 2004, S. 30.

[64] King, Stephen: *Revival.* Hodder & Stoughton, London, 2014b, S. 291.

[65] Bosky, Bernadette Lynn: *The Mind's a Monkey: Character and Psychology in Stephen King's Recent Fiction.* In: Underwood/Miller (Hg.) 1987, S. 235.

[66] Bosky 1987, S. 235.

[67] Bosky 1987, S. 236.

[68] Bosky 1987, S. 245.

[69] Bosky 1987, S. 246.

[70] Vgl. Davis 1994, S. 50.

[71] Vgl. Monteleone, Thomas F.: *King's Characters: The Main(e) Heat.* In: Underwood/Miller (Hg.) 1987, S. 262.

NARZISSMUS – EINE ANNÄHERUNG
DIE DUNKLE SEITE
EIN SILBERSTREIF AM HORIZONT

Der Unterschied zwischen modernem Horror und dem klassischen liegt für Stephen King, wie er in *DANSE MACABRE* äußert, im Narzissmus – „die Monster stellen sich nicht mehr nur auf Maple Street ein, sondern tauchen nun womöglich in unseren eigenen Spiegeln auf – zu jeder Zeit"[1].

NARZISSMUS – EINE ANNÄHERUNG

In Kapitel 2 wurde gezeigt, wie es Horror erzeugen kann, mit einem desinteressierten, unempathischen Gegenüber konfrontiert zu sein – ‚Horror aus Narzissmus folgt aus dem Empfinden der Weigerung, gesehen zu werden', hieß es.

Weshalb ein solches Ausbleiben von Resonanz tatsächlich existenziell bedrohlich wirken kann, lässt sich mit Grundannahmen aus der Zeit der Entdeckung von mutmaßlich für Empathie verantwortlichen Zellen im Gehirn illustrieren.[2]

Demzufolge entsteht der Ausbau neuronaler Verknüpfungen in Beziehung mit dem sozialen Umfeld. Die Nervenzellen, die zuständig sind für diese Interaktion, werden als Spiegelneurone bezeichnet, basierend auf der Eigenschaft dieser Zellen, an anderen beobachtetes Verhalten im eigenen Gehirn zu imitieren, es zu ‚spiegeln'.

Wenn inzwischen von einem diesbezüglich komplexeren System ausgegangen wird, scheint ihre Existenz dennoch Anteil der genetischen Voraussetzungen für zwischenmenschlichen Austausch und intuitives gegenseitiges Verstehen. Inwieweit ihr Ausbau gefördert wird, hängt jedoch ab von der Beziehung zwischen Kleinkind und seinen nahen Bezugspersonen; davon, inwiefern diese seine Bedürfnisse angemessen wahrnehmen und ihm vermitteln – ‚zurückspiegeln', etwa durch Mimik und Geräusche –, dass es verstanden und angenommen wird.

Rein materielle Versorgung mit allem Lebensnotwendigen, ohne dass darüber hinaus emotionaler Austausch erfolgt, ist bereits eine Verletzung des Grundbedürfnisses nach Spiegelung von Gefühlszuständen.

So muss, auch wenn diese Voraussetzungen genetisch vorhanden sind, das eigene Vermögen, sich anteilnehmend in andere einfühlen zu können, über entgegengebrachte Empathie vom Umfeld vermittelt und auf diesem Wege erlernt werden.

Durch versagte Resonanz dagegen entfällt sogar ein elementarer Baustein für das Entwickeln einer stabilen Selbstkonzeption, wie nun weiter ausgeführt wird.

Besonders in den ersten Lebensjahren wird das Spiegeln der eigenen Emotionen benötigt, um sich selbst verstehen und kennenlernen zu können. Im Gegenzug bedeutet dies, dass wenn nicht gespiegelt wird, kein Zugang zu den eigenen Gefühlen entwickelt werden kann.

Im Mythos wird Narziss ein langes Leben vorherbestimmt, solange er sich selbst nicht kennt. Dieses Bild findet seine reale Entsprechung im nicht erlernten Zugang zunächst zu den eigenen Empfindungen als Konsequenz aus uneinfühlsamer Behandlung und dadurch letztlich zu einer nicht ausgebildeten genuinen Identität[3].

Die Herkunft für die Herausbildung der narzisstischen Persönlichkeitsstruktur liegt im frühen Umgang der Bezugspersonen[4] – diese werden, sofern sie ebenfalls bereits narzisstisch geprägt wurden, entsprechend kaum in der Lage sein, sich ausreichend empathisch zu verhalten:

„Bei einer narzisstisch bedürftigen Mutter kann sich das Kind schwerlich ‚im Glanz der Augen‘ seiner Mutter spiegeln, es verhält sich geradezu umgekehrt: Eine solche Mutter möchte sich in den Augen des Kindes spiegeln. Da sie selbstunsicher ist, erhofft sie eine Aufwertung durch das Kind [...]. Sie erlebt das Kind als ein Teil von sich und nicht als ein eigenes, abgegrenztes Subjekt."[5]

Es wird missbraucht als Reflexionsfläche für diejenigen, die eigentlich spiegeln sollten; anstatt die Gefühle des Kindes wahrzunehmen, werden Erwartungen auf es projiziert und hierdurch seine Bedürfnisse unabhängig von den eigenen nicht respektiert. Für die Entwicklung notwendige, authentische Zuwendung bleibt aus. Der junge Mensch wird, wie Alice Miller beschreibt, „nicht als Zentrum seiner eigenen Aktivitäten"[6] wahrgenommen, sondern als eine Art rechtmäßiger Besitz.

„Sobald das Kind als Eigentum erlebt wird, mit dem man bestimmte Ziele vorhat, [...] wird sein lebendiges Wachstum gewaltsam unterbrochen."[7]

Infolge dieser mehr oder weniger offensichtlichen Weigerung, in aller Eigenheit gesehen und in der Entwicklung entsprechend gefördert zu werden, wird versucht, ‚Liebe' durch Anpassung zu erhalten. Es entwickelt sich eine Identität, die sich an äußeren Vorgaben orientiert, woraufhin laut Miller (mit Berufung auf D. Winnicott) ein „*falsches Selbst*"[8] entsteht[9].

Dies geht über Verstellung weit hinaus. Vielmehr, hier schließt sich der Kreis zum Mythos, kennt Narziss sich tatsächlich selbst nicht, verliert den Zugang zu seinen ursprünglichen Gefühlen. Die Legitimierung des Daseins verlagert sich auf die Oberfläche, um dem Blick des Außen auf sie, dessen Anspruch zu erfüllen gelernt wurde, zu entsprechen.[10]

Damit einhergehen können Leistungsdrang und Perfektionismus, gepaart mit Überempfindlichkeit und Unempfänglichkeit für Kritik[11]. Was eine stabile Selbstkonzeption sein sollte, beruhend auf Zugang zur Gefühlswelt und konstruktivem Austausch mit dem Umfeld, wird ersetzt durch Abhängigkeit vom eigenen ‚Image'[12] in weitgehender emotionaler Isolation.

Bei allem Verständnis für diese negative Erfahrung muss festgestellt werden, dass der narzisstische Teufelskreis sich im Erwachsenenleben fortsetzt.

Eine konstruktive Beziehung mit Narzisst/inn/en einzugehen, ist kaum möglich, da diese ihr Gegenüber entsprechend der eigenen Prägung weder als gleichwertige Person in eigenem Recht ansehen noch ihm empathisch begegnen. Wer sich selbst nicht kennt, keinen Zugang zu den eigenen Gefühlen hat, kann auch andere nicht (anteilnehmend) verstehen[13]. Mitmenschen werden lediglich wahrgenommen in der ihnen unbewusst zugewiesenen Funktion, zuträglich zu sein.

Als Kopie des ursprünglich missbräuchlichen Umgangs in der eigenen Entwicklung (unzureichende Beachtung von Gefühlen und Bedürfnissen als Überschreitung von bzw. Unzugänglichkeit als unüberbrückbare Grenze) wurde der konstruktive Umgang mit vorhandenen, durchlässigen Grenzen als Voraussetzung für Beziehung nicht erlernt[14].

So beruht eine Verbindung mit Narzisst/inn/en als Folge ihrer nicht ausgebildeten Identität tatsächlich auf ihrem Antrieb, jegliche Form von Grenzen in der Beziehung entsprechend zu eliminieren: Es wird versucht, ihre Bezugspersonen zu vereinnahmen, sie ihnen gleichzumachen oder mit ihnen zu verschmelzen[15], um sich nicht mit ihnen auseinandersetzen zu müssen.

Mit Unterschiedlichkeit zur eigenen Wahrnehmung als Voraussetzung zum Austausch mit anderen kann nicht umgegangen werden. Hierfür bedürfte es genuiner Selbstkenntnis[16], deren Fehlen jedoch mündet in die nicht vorhandene Fähigkeit, sich mit von sich selbst Unterschiedlichem zu konfrontieren.

Aus dem Antrieb, dem der eigenen Kondition zugrunde liegenden Urtrauma nicht ins Gesicht sehen zu müssen[17], erfolgt das Bestreben, authentischen Beziehungen aus dem Weg zu gehen.

Entgrenztheit ist die Folge aus diesem mental-emotionalen Design und zentrales Merkmal von Narzissmus.

Die Bedeutung der Abwesenheit konstituierender Grenzen im Zuge dieser psychischen Struktur zeigt sich, wenn der

Bezug zum Horrorgenre hergestellt wird, indem in Kapitel 2 das Moment der Dekonstruktion bestätigender Grenzen als horrend dargestellt wurde.

Horror kann entstehen, wenn sie unüberwindbar erscheinen, verletzt oder aufgehoben werden und hierdurch das Gefühl von Berechenbarkeit und Ordnung gestört wird, das wiederum elementar ist für das Empfinden von Identität auf grundlegendster psychischer Ebene – die Wahrnehmung der eigenen Existenz.

Die Konfrontation mit Narzissmus und die daraus nahezu unausweichlich erfolgende Entgrenzung wirkt die Empfindung der eigenen Identität (die Eigendefinition gegenüber sich selbst ebenso wie dem Außen) kurzfristig erschütternd und auf lange Sicht aushöhlend.

So wird die Verbindung vom Horror durch Grenzverletzung mit Horror aus Narzissmus deutlich: Angemessen gesetzte Grenzen wirken bestätigend und verleihen dadurch ein Gefühl von Sicherheit – dieses Grundbedürfnis wird durch ihre Verletzung angegriffen.

Im Jahr 1993 veröffentlichte Neville Symington NARZISSMUS: EINE NEUE THEORIE. Der Analytiker befasst sich damit, ob Narzissmus, wovon üblicherweise ausgegangen wird, als ‚unheilbar‘ hingenommen werden muss, oder ob sich eine narzisstische Persönlichkeit gegebenenfalls ändern kann.

Damit wird die Möglichkeit zum Wandel immerhin als vorstellbar präsentiert, obwohl dieser nur schwer erreichbar sein mag.

Symington erklärt es für die Entscheidung (wenn auch aus einer Notsituation heraus) einer Person, sich in ihren

Narzissmus zurückzuziehen, weshalb er den Begriff der „narzisstischen Option"[18] verwendet. Hieraus schließt er, dass sie damit potenziell frei wäre, später im Leben auch die umgekehrte Entscheidung, aus diesem „inneren Gefängnis"[19] heraus, treffen zu können. Jener Schritt sei etwas, wonach aus freiem Willen gestrebt werden muss, wobei dies nicht rational erfolgt. Der Gedanke, gesund werden zu können, sei bereits das Ergebnis einer vorangegangenen unbewussten Entscheidung, die nicht erzwungen werden kann[20].

Symington stellt allerdings fest: „Eine der dominierenden Noten des Narzissmus ist ein absoluter Hass, klein zu sein, am Anfang zu sein, sich jemandem zu öffnen, der einem etwas zeigen kann."[21] Damit ist bereits eine Grundvoraussetzung für Veränderung – sich die eigene Unvollkommenheit einzugestehen und Hilfe annehmen zu können – stark eingeschränkt.

An dieser Stelle deutet sich vielleicht die Bedeutung an, die Stephen Kings schonungslosem und zugleich tröstlichem Umgang mit dem eigenen inneren Abgrund zukommt, wie zuvor beschrieben[22].

Symington führt nicht aus, inwiefern im ursprünglichen Moment eine Alternative zur ‚narzisstischen Option' bestanden hätte. Sie scheint darin zu liegen, im Lauf des Lebens und womöglich durch Einflüsse von außen sich letztlich dennoch anders entscheiden zu *können*, unabhängig davon, ob dies erfolgt oder nicht.

„Unsere Denkweisen können sich ändern, und mit einer geänderten Denkweise ändert sich unsere persönliche Welt."[23]

So beinhaltet seine Theorie die Möglichkeit, sich für die

eigene Freiheit zu entscheiden, jederzeit – und erinnert damit an die Entscheidungen, die Stephen Kings Figuren treffen für oder gegen die ihre.

DIE DUNKLE SEITE

Die Umgebung, in der er lebt und für die er schreibt, spiegelt sich in Kings Prosa – seine Kommentare zum „Ich-Kult"[24] legen nahe, dass er die amerikanische Gesellschaft als narzisstisch wahrnimmt. Es wäre auch seltsam, Narzissmus als neues Paradigma der Horrorfiktion zu bezeichnen, ohne ihn als strukturelles Phänomen anzusehen. Allein deshalb wird er zu einem gewissen unbestimmbaren Punkt in den Texten beabsichtigt präsent sein.

Irving Malin, auf den King sich bezieht, definiert an keiner Stelle Narzissmus explizit, vergleichbar den Ausführungen im vorigen Abschnitt. Dennoch hat er diesbezüglich offenbar tiefgehende und empathische Einsichten, die mit dem hier Dargestellten übereinstimmen, auch er hebt etwa die Unfähigkeit zu Beziehung, authentischem Interesse an anderen, zu mitfühlendem Verständnis hervor[25].

Die Monster Stephen Kings, menschlich wie übernatürlich, verbindet gerade dies – das Fehlen jeglichen Gefühls für ihre Opfer. Tatsächlich gewinnen sie ihre Bedrohlichkeit, das, was an ihnen Angst macht, aus ihrem absoluten emotionalen Desinteresse bei gleichzeitigem kognitiven Bewusstsein darüber, was sie ihren Opfern antun[26]. Der daraus folgende Effekt von Entfremdung wird in einem Moment nahezu plakativ in Szene gesetzt in der äonenal-

160

ten Intelligenz des bösartigen Aliens ES oder Dämonen Tak, im nächsten umso horrender in der Gestalt einer eigentlich engen Bezugsperson, wenn diese ‚fremd' wird, etwa die Verwandlung von Vater und Ehemann Jack Torrance zum rasenden und wütenden Ding als Gefäß des bösen Geists des Overlook-Hotel.

Voraussetzung dafür, im Zuge einer solchen narzisstischen Konstellation Gefühle von Horror zu empfinden, mag begründet liegen in der ursprünglichen, der unbewussten Verletzung, der Verweigerung gesehen zu werden in der eigenen Entwicklung.

Denn diese entspricht emotionaler Unzugänglichkeit des Gegenübers und damit einer unüberwindbaren zwischenmenschlichen Grenze. Es entsteht ein Gefühl, das Lovecrafts kosmischem Horror nahekommt – in seiner Projektion Gefühle von Außenstehen, von Macht- und Hilflosigkeit angesichts der Unendlichkeit des Alls und des absolut Fremden. Diese besondere Form der Angst findet ihren Ausdruck im Verhalten der Antagonisten in Kings Geschichten.

Repräsentationen von Narzissmus ziehen sich strukturell, abstrakt und konkret durch sein Werk, wobei diese auch ineinandergreifen. Er bildet narzisstisches Verhalten ab und demaskiert es in seiner Destruktivität.

Als strukturell können jene Darstellungen gesehen werden, indem sie wiederkehren – motivisch, in verschiedenen Geschichten auftretend; dadurch dass vergleichbares Verhalten in jeweils anderen Kontexten beschrieben wird.

Zudem zeigen sich narzisstische Merkmale nicht nur im Verhalten der menschlichen, sondern auch in dem der übernatürlichen Missetäter. Dass Letzteren aufgrund der Transzendenz ihres Daseins kaum eine psychische Pathologie zugeschrieben werden kann, lässt sie nicht weniger narzisstisch sein in ihrem Erscheinen.

Abstrakt strukturhaft zeigt King Narzissmus, wenn im Roman ES das Monster in Tony Magistrales Auslegung ein Bild für die Stadt selbst ist, in der ES sein Unwesen treibt. Magistrale begründet seine Deutung (die allerdings nicht auf Narzissmus abzielt) damit, dass die Erwachsenen, anders als die Kinder, ES nicht sehen können – „ein Zeichen, dass King wünscht, dass wir Derrys Bürgerschaft mit dem Monster verbündet sehen [...]"[27].

Geht man tatsächlich aus von einer Einheit Derrys mit ES, die Magistrale zudem ableitet von der Straffreiheit, mit der die Erwachsenen Gewalt gegen Schwächere, Außenseiter, Minderheiten ausüben, die wiederum eine ähnliche Form hat wie die von ES, bietet sich entsprechend die hier nahegelegte Lesart an – wenn ES die Stadt repräsentiert, deren Bewohner ES nicht sehen können und die, wie ES selbst, wenn sie in Erscheinung treten, fast immer gewalttätig sind, kann dies als destruktiv narzisstisch gesehen werden, wenn das andere bekämpft und die eigenen Negativanteile dabei verdrängt werden.

Kings übernatürliche Monster – Leland Gaunt, ES, Flagg – ebenso wie die menschlichen, etwa Morris Bellamy in FINDERLOHN (2015), Big Driver (2010) oder Bob Anderson in EINE GUTE EHE, reflektieren, wenn auch vielleicht überzeichnet in ihrem Extrem, dadurch dass es sich um das sie verbindende Merkmal handelt, seine Prosa strukturell prägend Eigenschaften von Narzissmus.

Jener ist unter anderem charakterisiert durch Nichtspiegelung, die völlige Gleichgültigkeit gegenüber dem anderen. Dies wird in ES inszeniert in der absoluten Fremdheit von ES als Monstrum, die ES unnahbar und für menschliche Regungen wie Mitgefühl unempfindlich macht.

Auch Morris Bellamy im zweiten Teil der Bill-Hodges-Trilogie kann so beschrieben werden. Er wiederum ist jedoch ein Mensch und wäre grundsätzlich fähig zu Empathie, was dem Horror, der von ihm ausgeht, eine Bedrohlichkeit noch anderer Qualität verleiht – Horror, der dem Realen entspringt.

Während die dem Narzissmus zugrunde liegende Empathielosigkeit eine unüberwindbare emotionale Grenze ist, entspricht einer Variante des destruktiven Umgangs mit Grenzen im Kontakt zu anderen die aggressive narzisstische Selbstexpansion als Form der Grenzüberschreitung.

In ihrem Rahmen wird versucht, anderen die eigene Sicht und Art aufzuzwingen[28], um Unterschiedlichkeit zu eliminieren. Die Auseinandersetzung mit dem anderen würde (wie auch immer geartete) Beziehung bedeuten – unmöglich[29]. Um sie zu vermeiden, wird die schützende und konstituierende Grenze der anderen gewaltsam überschritten.

Literarisches Bild dafür, andere zu vereinnahmen und im Extrem dadurch auszulöschen, ist in Kings Übersetzung das Vorgehen des Dämons Tak im Roman *DESPE-RATION*. Jener benutzt seine menschlichen Opfer als Wirtskörper und infiziert sie mit seinem Wesen, um sie zuletzt zu töten, indem er zu seinem nächsten Opfer übergeht und sie nach Benutzung als leere Hülle zurücklässt.

King verleiht dieser angestrebten Eliminierung des anderen auch Ausdruck in Geschichten, in denen ein Einheitsgeist das Böse verkörpert – dieses Bild ist auf den narzisstischen Expansions- und Vereinheitlichungsdrang abstrakt übertragbar.

So verbinden sich im Massengeist der Tommyknocker-Community wie oft in seinen Texten die beiden Formen emotionaler Isolation: Die Unfähigkeit, mit anderen in Verbindung zu stehen (in dem Fall Bobby Andersons Unwillen, sich ihrem Freund und früheren Geliebten Jim Gardener zu öffnen), spielt (fatal) zusammen mit der strukturellen Unterdrückung, die von der Gehirnwäsche der Stadtgemeinschaft durch die Tommyknockers ausgeht.

Mit Grenzen nicht umgehen zu können, sie zu versuchen zu eliminieren, macht sich früher oder später bemerkbar im Umgang mit anderen. Ursächlich ist jedoch die psychische Selbstorganisation, indem die Absage an Beziehung bereits in der inneren Welt erfolgt.

Verschmelzung mit den eigenen destruktiven Anteilen als Versuch der Einebnung innerer Grenzen zeigt King am Beispiel Harold Lauders, der in seiner Phantasie in der Vorstellung von sich selbst als Dunkler Prinz aufgeht und, um diese Illusion aufrechterhalten zu können, sich gleichzeitig von den möglichen realen Beziehungen in seinem Umfeld abschottet – höchst bildhaft sind an seinem Haus sämtliche Rollläden heruntergelassen.

Auch Arnold Cunningham in CHRISTINE lässt sich in den Abgrund narzisstisch destruktiven Größenwahns hineinziehen, statt ihm entgegenzuhalten. Arnold gibt seine eigene Identität auf für den Machtgewinn und die künstliche Selbsterhöhung, die er erhält, indem er den Geist von

Roland LeBay in sich aufnimmt, wodurch er sich zum willenlosen Werkzeug der Vernichtung LeBays und dessen Plymouth Christine macht.

Diese Tech-Horrorstory verknüpft King mit der Darstellung einer Familiengeschichte, mit deren Aufrollen sich nicht zuletzt die Deutung verbinden lässt, Arnold könnte so handeln infolge der scheinbar pädagogischen Behandlung seiner Eltern, die jedoch ein Zurückstellen seiner eigentlichen Bedürfnisse zugunsten der ihren wie selbstverständlich einzufordern pflegten[30] – eine Konditionierung, die ihn vielleicht darauf ‚vorbereitet‘, sich mithilfe Christines zwar scheinbar von ihnen unabhängig zu machen: Indem er sich in diesem anderen Kontext allerdings weiter instrumentalisieren lässt, bleibt Arnold lediglich dem alten Muster der Unterwerfung verhaftet, anstelle in den Beziehungen zu seinen Freunden Dennis und Leigh Autarkie und Individuation zu entwickeln – Folge seiner eigenen, lebensverneinenden Entscheidung.

Durch Hinzufügen des Elements des Übernatürlichen überzeichnet King das ohnehin Schreckliche.

Emotionale Unnahbarkeit ist besonders verletzend, wenn sie von Familienangehörigen oder anderen nahestehenden Personen ausgeht. Wenn metaphysische Monster oder ‚fremde‘ Psychopathen verstörend wirken durch ihre Gefühllosigkeit, wird dieser Schrecken noch potenziert bei dem im Geist des Overlook-Hotels aufgegangenen Jack Torrance oder dem vom Wendigo besessenen Gage Creed. So lässt Jack das Overlook von sich Besitz ergreifen, um sich endlich als wertgeschätzter Teil eines größeren, wenn auch bösen Ganzen fühlen zu können. In Verbindung mit seiner Identität als geliebter Vater und Ehemann verletzt sein Verhalten ungleich tiefer, als wenn solche Angriffe von jemand Unbedeutendem oder einem ‚Dämon' ausgingen.

Beide Figuren sind eingebunden in ihre jeweilige Familie. Durch den bösen Geist, der sie bewohnt, sind sie zu einer bis dahin unimaginierbaren Bösartigkeit fähig, damit wird in ihnen die absolute Entfremdung einer geliebten Person maximal überzeichnet.

Die Unzugänglichkeit der eigenen Gefühle vor sich selbst und damit die nicht gegebene Möglichkeit, sich mit anderen zu verbinden, lässt eine jeweilige Person wie in einem „inneren Gefängnis" leben, auch wenn oberflächlich gesehen Beziehung besteht[31].

Irving Malin sieht als literarisches Pendant dieser inneren Gefangenschaft in der *New American Gothic* als neu interpretierte Motive der klassischen *Gothic*-Fiktion die Konzepte des Raums oder des Mikrokosmos, zudem das der Reise, die nirgendwohin führt, als Sinnbild für den Teufelskreis der Nichtentwicklung.

Nur eine Übersetzung dieser Konzepte durch Stephen King ist das Overlook-Hotel. Weit abgelegen und zuletzt vom Blizzard eingeschlossen wird es durch diese Gegebenheiten zum realen Gefängnis. Gleichzeitig spiegelt es als abgeriegelter Mikrokosmos die innere Gefangenheit der Familie Torrance in den Verstrickungen ihrer eigenen Vergangenheit.

Vergleichbar ist der in BRENNEN MUSS SALEM! beschriebene typische Tag in der Kleinstadt Jerusalem's Lot Bild für ein Gefängnis ohne Mauern, wenn die Bewohner/innen im ewig gleichen Ablauf inhaltsleerer Routinen ihr Leben fortwährend sinnfrei verbringen. Der Tag in der Stadt, in der die Zeit stillsteht, ist ein Teufelskreis der Degeneration und Leblosigkeit, destruktiver Zyklus des Immergleichen.

Innere Gefangenschaft ist eine Einschränkung des individuellen Potenzials – Kings Definition des Bösen.

Auch äußere Strukturen können einengend und unterdrückend wirken, wie er es ebenfalls regelmäßig in die Handlungen einbindet. Beiden Formen von Gefangenschaft kann jedoch nur begegnet werden durch den Willen, frei zu sein, sich der einengenden Matrix äußerlich, oder immerhin innerlich, zu entledigen. In letzter Instanz sind seine Figuren selbst verantwortlich dafür, dies wenigstens zu wollen.

An Symingtons Hinweis auf den Schritt von innen heraus zu auf das Außen[32], und damit die anderen, erinnernd, ist auch in Kings Prosa essenziell das Moment dieser Entscheidung für die Freiheit. Selbst wenn er die von ihm so inszenierte innere Gefangenschaft nicht unmittelbar in Zusammenhang setzt mit Narzissmus, weisen beide Konzepte strukturelle Vergleichbarkeit auf.

Sein Kurzroman DIE VERURTEILTEN (1982) ist eine direkte Gegenüberstellung der Bereitschaft zum Eingesperrtsein und des Willens zur Freiheit. Die Geschichte des Ich-Erzählers Red handelt von dessen Freund Andy Dufresne, der, unschuldig verurteilt, seinen Ausbruch aus dem Gefängnis Shawshank plant und ihn zuletzt tatsächlich durchführt. Red allerdings stellt (zunächst) fest, dass die Gefängnismauern nicht nur die Welt vor den Gefangenen schützen, sondern diese auch vor der Welt: „Ich könnte es draußen nicht packen."³³ Freiheit kann Angst machen, überwältigen, erfordert Initiative und Verantwortung.

Andys Wille zu entkommen ist ungebrochen, er gräbt sich über einen Zeitraum von fast dreißig Jahren mit einem filigranen Steinbearbeitungswerkzeug den Weg nach draußen. Sein Freund Red dagegen braucht einen Anstoß – die Bekanntschaft mit Andy –, um die Mauern, die mit den Jahren seine Heimat geworden sind, überhaupt wieder verlassen zu wollen.

Auch Jessie Burlingame in DAS SPIEL ist zunächst buchstäblich gefangen, in Handschellen an ein Bett gekettet. In dieser Situation, die scheinbar durch äußere Umstände zufällig entstanden ist, zeigt sich im Verlauf des Romans, dass ihre Misslichkeit eher Folge dessen ist, dass sie die Fesselspiele ihres Mannes Gerald wenig freiwillig über sich hat ergehen lassen; eine Ergebenheit, die, wie impliziert wird, auf einen sexuellen Missbrauch in der Kindheit durch ihren Vater zurückzuführen sein könnte. Die Zwangslage wirft sie auf eine mehrtägige Introspektion zurück, die dazu führt, sie ihr bisher fragmentiertes Selbst hinter sich zu lassen und die vorige Bereitschaft zur inneren Abhängigkeit, zuletzt vom Ehemann, zu erkennen, was ihr die Stärke verleiht, dem scheinbar aussichtslosen Schicksal zu entkommen. Gerade in Jessie verbindet King ihren für die Rettung notwendigen Willen zur Freiheit mit der hier mehr als offensichtlich ausschlaggebenden Kommunikation als Brücke zu sich selbst, was ihr die Stärke verleiht, sich selbst zu retten.

King bildet die individuelle und gesellschaftliche Dimension in ihrer Verquickung ab, verbindet konkrete mit strukturellen Manifestationen von Narzissmus. Worst-Case-Szenarien im Zeichen des Horrorgenres zeigt er mit als Resultat narzisstischer Beweggründe. Deren Tragweite wird dadurch ebenso ins Bewusstsein gerufen wie der Stellenwert, den sie im gesellschaftlichen Kontext einnehmen sollte. Im Roman DUDDITS (2001) etwa führt der Rachefeldzug des zunehmend wahnsinnigen Oberst Kurtz fast zu einer Verseuchung von Maines Wasserversorgung durch Alienparasiten, weil er seinen Untergebenen Owen Underhill, von dem er sich kritisiert fühlt, nicht ‚gewinnen lassen' will.

Als beispielhaft für die strukturelle Verankerung narzisstischer Strukturen in alltäglicherem Kontext lassen sich die Verhältnisse zwischen den ‚Verlierern' in ES und ihren Eltern sehen. Nahezu jede Eltern-Kind-Beziehung im Roman ist narzisstisch missbräuchlich, indem mit den Kindern lediglich in ihrer Funktion für die Eltern umgegangen wird oder, als Variante, sie und ihre Belange schlicht ignoriert werden. Dadurch dass alle Beziehungen derart gezeichnet sind (mit der sprechenden Ausnahme Mike Hanlons, der später als Einziger sich an die Erlebnisse der Kindheit erinnert, und seines Vaters), wird nicht zuletzt die Verbreitung und Normalität solchen Verhaltens impliziert.

So offenbart King gesellschaftliche Verhältnisse ihre individuelle Dimension aufzeigend und zugleich ihre Strukturhaftigkeit. Der Erinnerungswert des Romans CARRIE mag geprägt sein durch Carries übernatürliche Kräfte und die Verheerung, die sie damit anrichtet. Die Gegebenheiten, die sie zur Mörderin werden lassen, sind jedoch der Realität nachempfunden. King bildet in CARRIE vor allem den Alltag zahlloser amerikanischer Jugendlicher ab, die in der Highschool Tag für Tag durch die Hölle gehen. Auch die einzelnen Schicksale der Bewohner/innen von Salem's Lot gewinnen, analog dem Verhalten der Erwachsenen in ES, eine gesellschaftliche Dimension durch die Realitätsnähe der Beschreibung in Verbindung mit ihrer offensichtlichen Verbreitung.

Da solche Voraussetzungen als ‚normal' akzeptiert sind, werden sie durch Kings Fokus auf das Zerstörerische daran in ihrer Unangemessenheit erst in Erinnerung gerufen und dadurch wahrnehmbar gemacht.

Wenn in den bisher genannten Beispielen Narzissmus sich oft moment- oder strukturhaft, als Motiv durch die Texte zieht, lassen sich die Darstellungen dreier Figuren aus früheren Romanen, erschienen zwischen 1974 und 1981, nahezu als narzisstische Charakterstudien lesen: Margaret White – Carries Mutter im Roman CARRIE, Steve Kemp in CUJO und Harold Lauder aus THE STAND – DAS LETZTE GEFECHT.

Mrs. White arbeitet in einer Wäscherei und zieht ihre Tochter allein auf. Die beiden bleiben völlig unter sich und Carrie wird in der Schule gemobbt aufgrund ihres unangepassten Äußeren und Verhaltens. Das Zusammenleben der beiden wird anhand fortlaufender Ereignisse und von Rückblenden dargestellt; dabei zeigt sich, weshalb Margaret ihre Tochter zu einem Leben in Zurückgezogenheit zwingt: Sie ist „fast fanatisch fundamental religiös"[34].

Aus ihren Bemerkungen wird deutlich, dass für sie die sexuelle Anziehung zwischen ihr und Carries Vater allein bereits sündig war und Carries Empfängnis in einem schwachen Moment entsprechend Teufelswerk. Diese Überzeugung ist so stark, dass Margaret bis zur Geburt (die sie allein zu Hause mit einem Schlachtermesser erlebt, mit dem sie ursprünglich vorhat, das Neugeborene zu töten) die Schwangerschaft verdrängt und stattdessen glaubt, sie würde an einem „„Krebs der weiblichen Regionen""[35] leiden.

Dass Carrie des Teufels ist, bestätigt sich für Margaret spätestens durch einen Vorfall, bei dem ihre Tochter drei Jahre alt ist und in einer frühen Regung ihrer psychokinetischen Kräfte einen Regen aus Eisklumpen auf das Haus fallen lässt (ein Kopfnicken Kings hin zu Shirley Jacksons SPUK IN HILL HOUSE). Carries Alltag besteht seitdem aus Schlägen, stundenlangen ‚Gottesdiensten' zusammen mit ihrer Mutter und willkürlichen Strafarresten, eingesperrt im Schrank.

Oben wurde beschrieben, wie narzisstische Eltern ihr Kind nicht als eigene Person, sondern als rechtmäßigen Besitz sehen, der entsprechend zu kontrollieren versucht und über den hierzu offen oder subtil Macht ausgeübt wird, damit der eigentlich selbstständige Mensch die Bedürfnisse des Elternteils befriedige.

Margaret White erfüllt bildhaft die Merkmale einer narzisstischen Mutter, die ihr Kind nur in Bezug auf die eigene Person wahrnehmen kann – anstatt glücklich zu sein über das Geschenk neuen Lebens, ist Carrie für sie lediglich Produkt der von ihr so empfundenen sündigen Empfängnis – *ihrer* Sünde.

Diese Haltung prägt die gesamte Behandlung ihrer Tochter. Deren Bedürfnisse, erst als Kind und dann als Heranwachsende, werden nicht nur ignoriert, sondern hart bestraft. Margaret kann ihr scheinbar nur begegnen, indem sie an ihr mit Gewalt ihren religiösen Fanatismus auslebt, um *sich selbst* als fest im Glauben zu *empfinden*. Sie versucht, sie zu ihrem eigenen Abbild zu machen und so ihre Individualität und damit Persönlichkeit auszulöschen, nachdem sie nicht fähig war, sie nach der Geburt zu töten.

Das volle Erwachen von Carries psychokinetischen Kräften mit Einsetzen ihrer ersten Periode, das Ereignis, mit dem der Roman beginnt, gibt ihr schließlich den Mut zu sagen: „Ich bin nicht wie du. [...] Ich will versuchen, eine Person zu sein, bevor es zu spät ist [...]".[36] „Ich will nur gelassen werden, mein eigenes Leben zu leben. Ich … ich mag deines nicht."[37]

Zynischerweise behält Margaret zuletzt recht, als sie Carrie voraussagt, dass sie auf dem Abschlussball ohnehin nur verlacht und gedemütigt werden wird, und blendet dabei natürlich aus, dass dies vor allem die Früchte ihrer eigenen Arbeit sind.

Carrie kehrt vom Ball, der im mit ihren Kräften durchgeführten Massenmord endet, lediglich mit dem Ziel nach Hause zurück, auch ihre Mutter zu töten, um zuletzt doch noch durch deren Hand ebenfalls zu sterben.

Der Roman CUJO von 1981 kann hintergründig als Bild der amerikanischen Mittelstandsehe im ländlichen Maine zu Beginn der Achtzigerjahre gesehen werden.[38]

Steve Kemp ist der Geliebte Donna Trentons. Diese ist verheiratet mit Vic, hat mit ihm einen vierjährigen Sohn, Tad, und fängt die Affäre mit Steve an aus Einsamkeit, aus Angst vor der Zukunft.

„Sie sah, wie sie aussehen würde, wenn sie alt war, und

die furchterregendste Sache von allen war, dass genau in diesem Moment, wenn Steve Kemp hier wäre, dachte sie, sie würde ihn mit ihr Liebe machen lassen, wenn er sie nur halten und sie küssen würde und sagen würde, dass sie keine Angst haben musste, dass Zeit ein Mythos war und der Tod ein Traum, dass alles okay war."[39]

Donna beendet die Affäre zu Beginn des Romans – zur Fassungslosigkeit von Steve, da eigentlich er derjenige ist, der seine Geliebten verlässt. Als er versucht, Vic zu erreichen, dem er aus Rache die Affäre offenbaren will, erfährt er, dass dieser für zwei Wochen verreist ist. Nachdem Steve zu Donna fährt, um seine Wut über die Abfuhr an ihr auszulassen, sie jedoch nicht antrifft, entlädt sich seine Aggression an ihrer Einrichtung, er zerstört fast alles, was er im Haus in die Hände bekommt, und verlässt daraufhin die Stadt.

Würde Steve Kemp tatsächlich existieren, wäre es denkbar, ihn als Narzissten zu bezeichnen.

Vom Erzähler eindeutig abwertend dargestellt, erfahren wir, dass er nomadisch von Stadt zu Stadt zieht, als Gelegenheitsrestaurator arbeitet und Tennis spielt – und nach dem Spiel seinem Gegner nur die Hand gibt, wenn er selbst gewinnt. Er hält sich für einen Schriftsteller („sechzehn Jahre kreatives Schreiben hatten ihn zu einem exzellenten Maschineschreiber gemacht, wenn auch zu sonst nichts"[40]), „vertrat starke Ansichten zu moderner Kunst, der anstehenden Nuklear-Referendum-Frage in Maine, den Filmen von Andy Warhol, und er nahm einen Doppelfehler auf die Art auf wie Tad die Neuigkeiten, dass es Zeit zum Schlafengehen war"[41].

Kemp kann weder verlieren noch über sich selbst lachen, die Menschen in seinem Umfeld belegt er in Gedanken mit Spottnamen und Beleidigungen. Diese Eigenschaften offenbaren eine Neigung zu Selbstinszenierung und Selbsterhöhung mittels gleichzeitiger Abwertung aller anderen[42].

Auf die Fixierung auf die eigene Außenwirkung deutet seine mehrfach erwähnte Angst vor dem Altern hin, die Steve offenbar mit Donna teilt (ein Weg Kings, die Grenze zwischen Pathologie und Normalität fließend zu gestalten) – so verbringt er die Wochen, nachdem er die ersten Anzeichen grauen Haars in seinem Bart entdeckt hat, in einer schweren Depression.

Die für Narzissmus charakteristische Beziehungsunfähigkeit äußert sich bei Kemp in der Gängelung und dem Ausnutzen der Personen, mit denen er ein Verhältnis eingeht, um sich selbst überlegen zu fühlen.

„Er hatte gewusst, dass Donna es abkühlen ließ, aber sie war ihm als eine Frau erschienen, die ohne große Schwierigkeit manipuliert werden konnte, zumindest für eine Weile, durch eine Kombination von psychologischen und sexuellen Faktoren. Durch Angst, wenn man grob sein wollte. Dass es nicht auf diesem Weg funktioniert hatte, ließ ihn sich verletzt und rasend vor Wut fühlen, als ob er wund geprügelt worden wäre."[43]

Steve lässt sich nicht mit Frauen ein, um mit ihnen eine Beziehung zu führen, sondern um sie zu benutzen und dann zu entsorgen.

„*Narzißtische Wut* über die *Nichtverfügbarkeit* des Objektes"[44], geprägt durch entgrenzte Aggression als Folge der Zurückweisung durch Donna, ist es, was Kemp leitet, als er ihr Heim und das ihrer Familie zerstört.

Nach einer Weile kommen ihm ansatzweise Zweifel an der Rechtmäßigkeit seines Tuns.

„War die Vergeltung zu schwer gewesen für das Vergehen? Sie wollte es also nicht mehr mit ihm machen, und?
Er hatte den größten Teil des verdammten Hauses zerlegt.
Sagte das vielleicht etwas Unangenehmes darüber aus, wo
er seinen Kopf hatte?"[45]

Aber: „Er begann an diesen Fragen Stück für Stück zu
arbeiten, auf die Art, wie die meisten Leute es tun, [...] bis
sowohl die Fakten als auch seine Wahrnehmung der Fakten auf eine Art übereinstimmten, mit der er leben konnte."[46]

Mit ehrlicher Selbstreflexion, durch die eigenes Fehlverhalten als solches vor sich selbst offenbar wird, hat dieses
Vorgehen nichts zu tun. So findet Kemp schließlich zurück zu der narzisstischen Wahrnehmung, lediglich auf
‚Angriffe' von außen angemessen reagiert zu haben[47],
indem er die eigene Verantwortung für sein (offensichtlich kritisierenswürdiges) Verhalten schlicht ausblendet.

„Er hatte sich selbst davon überzeugt, dass das Haus der
Trentons zu zerstören kein Akt halb verrückten Beleidigt-
seins war, sondern ein Stück revolutionärer Anarchie – ein
Paar fetter Mittelklasse-Schweine kaltzumachen, die Sor-
te, die es den faschistischen Feudalherren leicht machten,
an der Macht zu bleiben, indem sie blind ihre Steuern und
Telefonrechnungen zahlten. Es war ein Akt von Courage
und lauterer, gerechtfertigter Wut gewesen. Es war sein
Weg zu sagen: 'power to the people', eine Idee, die er in
alle seine Gedichte einzubringen versuchte."[48]

Wenn Margaret White und Steve Kemp bereits zentral
sind für die jeweilige Handlung, beeinflussen die Gedanken, Empfindungen und Entscheidungen Harold Lauders

deutlich den Ausgang DES LETZTEN GEFECHTS. So interessiert im Folgenden sein Charakter; durch die Katastrophe, die er im Ausleben seines Narzissmus anrichtet, zeigt sich jedoch ebenfalls der Stellenwert, den King dem narzisstischen Zerstörungspotenzial auch auf gesellschaftlicher Ebene zumisst.

Zusammen mit Fran Goldsmith ist Harold der einzige Überlebende der ‚Supergrippe', die nahezu die gesamte Menschheit ausradiert hat, in ihrer Heimatstadt Ogunquit in Maine. Er ist sechzehn, unsicher, einer von Kings unansehnlichen, einsamen Außenseitern.

Während Fran ihre Zuneigung zu einem anderen Überlebenden, dem sie unterwegs begegnen, Stu Redman, verheimlicht (vordergründig, um Harold, der sich eine Beziehung mit Fran einbildet, zu schützen, aber auch, weil sie Angst vor seiner Reaktion hat), vertraut sie alles offen ihrem Tagebuch an. In ihm sind ihre zwiespältigen Gefühle gegenüber Harold zu lesen, über den sie dabei auch respektlose Äußerungen macht, vor allem jedoch ihre eindeutigen Gefühle für Stu. Auf Harold, der in Frans Einschätzung „Abfuhren auf die Weise aufbewahrt, wie von Piraten erwartet wurde, Schätze zu horten"[49], wirkt die heimliche Lektüre dieses Tagebuchs verheerend.

Eindrücklich herausgearbeitet wird an seinem Charakter das Moment der Entscheidung – Neville Symington zufolge besteht diese für oder gegen die Option, sich in den Narzissmus zurückzuziehen.

Wendepunkt seines Lebens ist, wie er es selbst sieht, das Lesen von Frans Aufzeichnungen: „Hatte nicht all dies begonnen wegen Frans Tagebuch?"[50]

Aus Harolds Sicht ist die Enttäuschung zunächst nachvollziehbar. Sein Wesen ist grundlegend geprägt durch Ablehnung gegenüber seiner Person, die er nicht nur als Außenseiter in der Schule, sondern vor allem auch in der eigenen Familie erfährt. Fran ist die erste Person, die sich jemals seiner annimmt, wenn auch aus einer Notsituation heraus.

Für Harold ändert sich durch das Lesen des Tagebuchs alles – aufgrund Frans ‚Verrat', ihrer Liebe zu Stu, wendet er sich innerlich von dem Verbund der Überlebenden ab und schließt sich in Gedanken dem Dunklen Mann Randall Flagg an.

Seine Entscheidung ist bewusst: „Als er ihren Strahl auf das Deckblatt des Spiralblocks richtete, gab es einen Moment geistiger Gesundheit. Für nur einen Moment schrie ein Teil seines Bewusstseins auf *Harold! Stop!*, so stark, dass es ihn bis ins Mark erschütterte. Und beinahe tat er das. Für nur einen Moment erschien es *möglich*, aufzuhören, das Tagebuch dorthin zurückzulegen, wo er es gefunden hatte, sie aufzugeben, die beiden ihren eigenen Weg gehen zu lassen, bevor irgendetwas Schreckliches und Unwiderrufliches geschah. Für diesen Moment schien es, er könnte den bitteren Trank beiseitestellen, ihn aus dem Becher gießen und diesen mit was immer in dieser Welt war für ihn füllen."[51]

Und doch: „Er wandte sich jener ersten Seite zu, richtete seine Taschenlampe auf die Worte und begann zu lesen."[52]

Monate später, als ihre Gruppe sich zusammen mit anderen Überlebenden in Boulder, Colorado, niedergelassen hat und beginnt, eine neue Gesellschaft aufzubauen, kehrt Harold in Gedanken zu dieser Nacht zurück.

„Es hatte eine Zeit gegeben, eine Stunde oder einen

Moment, zu der er darüber nachgedacht hatte, den Hass aufzugeben. Das war gewesen, nachdem er damit fertig gewesen war, Frans Tagebuch zu lesen, und entdeckt hatte, dass sie unwiderruflich Stu Redman verfallen war. [...] In dieser Stunde oder diesem Moment wurde ihm bewusst, dass er einfach *akzeptieren* konnte, *was war*, und dieses Wissen hatte ihn sowohl erregt als auch verstört. Zu dieser Zeit wusste er, dass er sich selbst in eine neue Person verwandeln konnte, einen frischen Harold Lauder, geklont von dem alten, durch das scharfe sich einmischende Messer der Supergrippe-Epidemie."[53]

„Und er selbst, als er konfrontiert war mit dem Wissen, dass er frei war zu *akzeptieren, was war*, hatte die neue Möglichkeit abgelehnt. Sie zu ergreifen hätte bedeutet, sich selbst zu ermorden. Der Geist jeder Erniedrigung, die er jemals erlitten hatte, schrie auf dementgegen."[54]

Bewusster kann man sich der eigenen Motive kaum sein.

Es wird deutlich, wie sehr Harold sich selbst identifiziert mit vergangenen Erniedrigungen – sie zu vergeben, zu vergessen ist für ihn gleichbedeutend damit, sich selbst zu töten. Damit geht er, narzisstisch grenzenlos, auf in seiner eigenen Negativität, anstatt ein Gleichgewicht herzustellen zwischen seinen schlechten ebenso wie guten Eigenschaften, um auf diesem Wege den Letzteren schließlich größeren Raum in seiner Persönlichkeit zu eröffnen.

Zu Beginn des Romans ist Harold abstoßend dargestellt, einsam und verstört. Er sorgt sich jedoch um Frans Wohlergehen und ist dankbar für ihre Anteilnahme an seinem Leid. Dies ist vielleicht auch derselbe Harold, der, als er Frans Geliebten Stu Redman vorhat zu erschießen, die Tat im letzten Moment doch nicht durchführt, nachdem Stu ihm unvermutet versöhnlich begegnet und ihn zum Abendessen einlädt. Dennoch, Harold trifft immer wieder, und bewusst, die gleiche Entscheidung – gegen die Gemeinschaft, gegen das Gute in ihm.

Als er sich selbst, in sein Tagebuch schreibend, fragt, warum er so sehr hassen würde, fühlt er sich, „als ob die Frage von außen gekommen wäre. Es war eine schwierige Frage zum Beantworten, außer vielleicht für einige wenige, einige Auserwählte. [...] Oh, er könnte noch doppelt so viele Seiten füllen wie die, die er bereits darüber geschrieben hatte, noch obskurer, noch geheimnisvoller werdend, bis er schließlich im Uhrwerk seiner selbst verloren wäre und doch der Triebfeder nicht im Entferntesten nah.“[55]

Bernadette Lynn Bosky bemerkt hierzu: „Seine narzisstische Besessenheit damit, immer tiefer in seine eigene Krankheit einzudringen, ist ein Prozess morbider Selbstbesessenheit, getarnt als Selbstverstehen.“[56]

Es wird nicht aufgelöst, inwieweit Harold tatsächliche Entscheidungsfreiheit hat für oder gegen die narzisstische Option: *„Ja, Harold, aber warum hasst du?“*[57], fragt er sich selbst. „War es überhaupt eine faire Frage? Er dachte, nicht. Man könnte ebenso gut eine Frau fragen, warum sie ein verunstaltetes Baby gebären würde.“[58]

Handelt es sich hier um eine realistische Einschätzung der Gegebenheiten – oder um ein Aufgeben im Vorhinein, ohne wirklich zu versuchen, aus alten Mustern herauszufinden?

Auch wenn King Harolds Entwicklung mit allem Verständnis nachvollziehbar macht und das Leid beschreibt, das er durch die ihm entgegengebrachte Ablehnung ertragen musste, wird die Bewusstheit mehr als deutlich, mit der sich Harold für den Hass entscheidet, der am Ende sein Leben, und nicht nur seines, zerstört.

Letztlich scheint es in seinem Charakter zu liegen, sich immer wieder der Dunklen Seite zuzuwenden.

Dennoch besteht die Möglichkeit, sich anders zu entscheiden, allein dadurch, dass sie ihm bewusst ist. Vielleicht hätte er sie genutzt bei mehr positiver Bestätigung durch seine Umgebung – die Anlagen, auf solche Unterstützung zu reagieren, sind vorhanden.

Vielleicht soll aber auch jede/r für sich zu einem Schluss kommen, ob er frei ist, sich zu entscheiden oder nicht – wie Douglas Keesey es für die verschiedenen Lesarten von ES vorschlägt, die er als Spiegel der Einstellung der oder des Lesenden sieht.

Als Harold auf dem Weg zu Flagg in einen Hinterhalt gerät, sich einsam und verletzt in der Wüste Nevadas auf den Tod einstellt, hinterlässt er seine letzten Worte schriftlich der Nachwelt, in seinem Tagebuch. Dabei stellt er sich erst vor, wie diese Szene in einem Roman beschrieben würde, und dann, wie seine Aufzeichnungen wann auch immer gefunden und gelesen würden. Anstatt wenigstens in den letzten Momenten seines Lebens bei sich selbst zu sein, reflektiert er sein ‚Image' – zweifach.

Selbstreflexion wie von außen ist elementarer Bestandteil psychischer Gesundheit, Teil der ‚Realitätsprüfung'. Pathologisch wird dieser Abgleich mit einem möglichen äußeren Blick auf sich im Narzissmus, wenn die Fixierung auf die Außenwirkung im Rahmen dieses Prozesses die eigentliche Identität ersetzt.

Während er seinen Tod erwartet, geht ihm auf, dass er in

Boulder ‚jemand hätte sein' können. Bezeichnenderweise, als er diese wertgeschätzte Version seiner selbst nicht mehr annehmen muss, unterzeichnet er mit dem Spitznamen, der ihm dort gegeben wurde, ‚Hawk', und damit wiederum nicht mit seinem eigenen Namen – Harold.

Romanfiguren sind nicht diagnostizierbar, etwa als narzisstisch, da sie nicht real sind; so wäre das Merkmal von Empathielosigkeit etwa auch ein Charakteristikum der dissozialen Persönlichkeitsstörung, oder von Alexithymie; eine entsprechende Festlegung kann nur in Interaktion mit tatsächlichen Individuen erfolgen. Somit sollten vielmehr Merkmale an Kings Figuren, die narzisstischen vergleichbar sind, sowie ihr wiederkehrendes Vorkommen herausgearbeitet und im Gesamtkontext seiner Prosa betrachtet werden.

Margaret White will die eigene Tochter zum verzweifelten Abbild ihrer eigenen gescheiterten Existenz machen und sie zuletzt lieber töten, als zuzulassen, dass Carrie ihren eigenen Weg geht.

Für Steve Kemp sind alle, die ihm begegnen, lediglich Objekte seines Spotts und seiner Willkür. Gedankliche Rechtfertigungen seines aggressiven Verhaltens, die, völlig verzerrt, ihn absolut zufriedenstellen, mögen, wie Kings Erzähler bemerkt, vielleicht ‚normal' sein. Das macht sie jedoch nicht weniger narzisstisch.

Harold Lauders selbstgewählte innere Isolation ist so unerbittlich, dass er wie in einer fest verschlossenen dunklen Kapsel aus reinem Hass lebt. Er entscheidet sich, wie im Roman mehr als deutlich nachvollziehbar gemacht wird, gegen die Beziehung zu anderen, zu der neuen Gesellschaft als Folge der Verweigerung der Beziehung mit sich selbst, mit den guten Eigenschaften seiner eigenen Persönlichkeit und geht zuletzt vollkommen in der Größenphantasie auf, in Flaggs Reich ein Dunkler Prinz zu sein. Seine Entscheidungen auf individueller Ebene sind Bild für die bewusste Absage an persönliche Weiterentwicklung, an Liebe und Beziehung, letztlich an das Leben an sich, weshalb Harold sie am Ende mit seinem Leben bezahlt. Ihre weitreichenden Folgen gefährden jedoch außerdem die Zukunft einer ganzen Gesellschaft.

Als allen gemein beschreiben ließe sich, was Irving Malin als das narzisstische „Bedürfnis, Gemeinschaft zu zerstören"[59] bezeichnet. Jede/r dieser drei ist dabei so einsam, räumlich und emotional so isoliert von anderen Menschen wie eben möglich.

King inszeniert in seiner Prosa die Konfrontation mit Narzissmus als Schockmoment des Horrors im direkten Umgang mit einem narzisstischen Gegenüber oder indem er dessen (abstoßend gefühlskalte) innere Vorgänge mitverfolgen lässt.

Dieses Abbilden von Narzissmus, seiner Dynamik und möglichen Folgen entspricht der ‚Demaskierung des Bösen' als Funktion von Horrorfiktion.

Jedoch wirft er seinen Blick nicht allein auf Abyssus und Zerstörung im Zuge der narzisstischen Pathologie.

Auch das Potenzial zur Veränderung macht er deutlich. Dazu muss sich der eigenen Unzulänglichkeit gestellt werden, um ihr entgegenhalten zu können. Die Fähigkeit zu Selbstreflexion und Selbstkritik sind hierfür ebenso notwendig wie sie Gegenentwurf sind zu Narzissmus.

Auch wenn Stephen King das Ineinandergreifen der individuellen und gesellschaftlichen Dimension reflektiert, geht er, anders als der öffentliche Diskurs, weniger ein auf einen strukturellen Narzissmus. Dieser ist zwar relevant, und er zeichnet durchaus nach, wie Individuen durch institutionalisierte Gegebenheiten gestützt andere schädigen beziehungsweise durch sie mit geformt werden.

Sein Schwerpunkt jedoch liegt auf der Selbstverantwortung der Person.

Der Grundproblematik des Narzissmus – Unfähigkeit zur Beziehung – setzt er einen abstrakten wie konkreten Gegenentwurf. Ebenso konstant wie seine Abbildungen narzisstisch destruktiven Verhaltens zieht auch dieser sich durch das Werk.

Es mag banal erscheinen, wenn als zentraler Inhalt von Kings Prosa benannt wird, dass er daran erinnert, wie menschlich es ist, Ängste und Schwächen zu haben.

Im Kontext von Narzissmus ist es das keineswegs. Vielmehr steht die Thematisierung und konstruktive Bewusstmachung von Unzulänglichkeit bereits der narzisstischen Verfasstheit entgegen, ist Teil des Weges aus ihr heraus[60] – eigene Fehlbarkeit ebenso wie persönliche Vorzüge als gleichberechtigte Anteile an sich anzuerkennen, ist Merkmal einer stabilen Psyche.

Dagegen ist es destruktiv narzisstisch, in der eigenen vermeintlichen Großartigkeit aufzugehen, negative Aspekte ausblendend (mit diesen ‚nicht in Beziehung zu stehen'[61]), oder, je nach Stimmung und Umständen, alternativ in der eigenen vermeintlichen Nichtswürdigkeit, Positives negierend[62]. Es wird sich momentweise jeweils vollständig identifiziert mit nur einer der entsprechenden Facetten der Persönlichkeit, anstatt positive und negative Anteile an der eigenen Person als gleichberechtigt wahrzunehmen.

Dem hält King entgegen, was er anhand seiner Figuren vermittelt, wenn diese sich selbst mit ihren Verfehlungen akzeptieren.

Im Umgang mit anderen (wie mit sich selbst) sind sie empathisch, wofür neben diesem Mitfühlen auch die Perspektive des Gegenübers eingenommen wird. Die eigenen Beweggründe ebenso wie andere gut zu verstehen, wird positiv gezeigt, indem ebendiese Fähigkeiten ihnen in kritischen Situationen helfen. Je besser sie sich kennen, desto besser können sie mit den sie bedrohenden Schwierigkeiten umgehen.

Sich selbst gegenüber aufrichtig zu sein, ist Voraussetzung für Beziehung, zu sich ebenso wie zu anderen.

Vor diesem Hintergrund erschließt sich deren zentrale Bedeutung in Kings Prosa. Modellhaft präsentierte Kommunikation als Ausdruck von Beziehung wird Teil der Erzählung.

Die Unfähigkeit zu jenen Grundlagen des Daseins und Miteinanders ist es, die pathologischen Narzissmus charakterisiert. Abstrakt wie konkret kann dieses Gewicht auf Kommunikation somit als Konterpart zur narzisstischen Verfasstheit gesehen werden.

Eine Form nonverbaler Kommunikation ist Empathie. Laut King kann Horror Empathie hervorrufen, wenn mit den Figuren gelitten, um ihr Wohlergehen gefürchtet wird.

Die Darstellung von Vorgängen, die geeignet sind, Mitgefühl auszulösen, sind Gegenakzent zur emotionalen Unerreichbarkeit des Narzissmus.

Dabei ebnet Empathie mit sich selbst den Weg zur Akzeptanz des eigenen inneren Abgrunds, negative wie positive Anteile anzuerkennen, Verständnis dafür zu entwickeln, woraus sie resultieren, anstatt in den Extremen narzisstischer Großartigkeit oder narzisstischer Selbsterniedrigung aufzugehen. Sie hilft auch, es sich nachzusehen, wenn es nicht gelingt, eigene Unzulänglichkeiten zu überwinden.

Sich selbst und damit die eigene Wahrheit unabhängig von einer möglichen Außenwirkung überhaupt zu kennen, ist jedoch bereits Herausforderung per se für Narziss.

In diesem Zusammenhang gewinnt die King zufolge zentrale Aufgabe von Literatur, ,uns die Wahrheit über uns selbst zu sagen', die ,Wahrheit im eigenen Herzen zu suchen', elementare Bedeutung – Freiheit durch Aufrichtigkeit. Für diese ein authentisches Gefühl zu haben, auf sie zu vertrauen und dennoch zugleich auch die Wahrheit der anderen zu achten, ist Beziehung.

Die narzisstische Perspektive lebt mit davon, die eigene Sicht als einzig dastehen zu lassen – die eigene innere Verfasstheit nicht zu kennen, bringt umgekehrt die Unfähigkeit mit sich, das Sein der anderen anerkennen zu können.

Die multidimensionale Inszenierung der Figuren und Settings ermöglicht jedoch indirekt gerade die Erkenntnis, dass verschiedene Blickrichtungen ihre individuelle Berechtigung haben. Vergleichbar dem Integrieren verschiedener Anteile in sich selbst beruht auch diese Einsicht auf einem Nebeneinanderbestehen der eigenen Wahrheit und dem Respekt für die Eigenheit des Mitmenschen.

Horrorfiktion wurde beschrieben als durch das Erkennen geteilter Menschlichkeit geeignet, Empathie hervorzurufen. Die damit verbundene Offenheit für das andere ist Gegenpol zur narzisstischen Indifferenz.

Dabei entspricht es auf abstrakter Ebene einem damit verknüpften von Tony Magistrale als positiv festgestellten Effekt des Horrorgenres, sich als „Teil des größeren Ganzen"[63] fühlen zu können, wenn sich etwa mit Menschen in der Fiktion identifiziert wird, die zu ‚den Guten' gehören und ‚das Böse' bekämpfen.

Sich als Teil eines größeren Ganzen zu begreifen, bedeutet somit nicht nur, als ‚negativer' Effekt, die eigenen Interessen zurückstellen zu müssen. Es bedeutet auch, weniger allein zu sein, sich emotional und in Gedanken mit anderen (und damit in letzter Instanz mit allem) zu verbinden. Dies führt zu einem Mitgefühl im weitesten Sinne für die Welt, und so kann dieser Bestandteil von Horrorfiktion auch auf abstrakter, auf Makroebene antithetisch zu Narzissmus gesehen werden.

Das Zurückstellen der individuellen Wünsche für das Wohl der Gemeinschaft, für diese einzustehen, ist zentraler Anteil des Ideals, das King in seiner Prosa vermittelt. Indem es von Selbstlosigkeit und der Bedeutung des Außen in seiner genuinen (wenn auch nicht ultimativen) Berechtigung bestimmt wird, steht es dem Wesen des destruktiven Narzissmus entgegen.

Nicht nur die eigene Person, die eigenen Bedürfnisse und die eigene Blickrichtung zu sehen, sondern mit anderen in Beziehung zu treten, wenn sie vielleicht nicht als gleich, aber als gleichberechtigt erkannt werden, ist die Brücke zum Gegenüber – und zuletzt zu sich selbst.

Stephen King unterstreicht, was für ein Erfolg es sein kann, wenn es auch nur einer Person gelingt, die inneren Dämonen zumindest für den Moment zu überwinden. Er zeigt Angst im Zeichen des Horrorgenres als überwindbar und zugleich die schrecklichen Konsequenzen, wenn sich ihr nicht gestellt wird. Der innere Konflikt seiner Figuren, sich dem Monster zu stellen oder nicht, liegt vielleicht nicht weit entfernt von der Angst (die nicht umsonst tatsächlich oft Teil der Geschichte ist), sich mit dem eigenen inneren Abgrund zu konfrontieren.

Ihn zu überwinden liefert King einen Mut machenden Impuls. Durch die Alltäglichkeit seiner Charaktere wird suggeriert, dass wenn es einer ‚normalen‘ Person gelingt, es im Grunde allen möglich ist, die inneren Hemmnisse zu überwinden, mittels der Bereitschaft, das Potenzial der eigenen Fähigkeiten zu erkennen, für sich und andere einzustehen.

Die Freiheit, diesen Kampf aufzunehmen, gibt er seinen Figuren. Mit jenem freien Willen entscheiden sie sich, sofern sie es tun, für das Gute, weil sie erkennen, dass es sich dafür zu kämpfen lohnt.

So wie King seinen Leser/inne/n ihre Unzulänglichkeiten offenbart und dass diese Teil des Menschseins sind, zeigt er ihnen ebenfalls aus Liebe zum Guten im Menschen auf diesem Wege, dass es auch in ihnen steckt.

[1] King 1983, S. 252.

[2] Bauer, Joachim: *Warum ich fühle, was du fühlst. Intuitive Kommunikation und das Geheimnis der Spiegelneurone* (2005). Hoffmann und Campe, Hamburg, 2006.

[3] Vgl. Dieckmann 2011, S. 95.

[4] Vgl. Dieckmann 2011, S. 20.

[5] Maaz, Hans-Joachim: *Die narzisstische Gesellschaft. Ein Psychogramm.* Beck, München, 2012, S. 184–185.

[6] Miller, Alice: *Das Drama des begabten Kindes und die Suche nach dem wahren Selbst* (1979). Suhrkamp, Frankfurt a. M., 1982, S. 58.

[7] Miller 1982, S.124–125.

[8] Miller 1982, S. 29 (Hervorh. i. O.), 31.

[9] Vgl. Dieckmann 2011, S. 93, 94.

[10] Vgl. Dieckmann 2011, S. 94.

[11] Sachse 2004, S. 32.

[12] Vgl. Dieckmann 2011, S. 95.

[13] Vgl. Miller 1982, S. 146.

[14] Vgl. Dieckmann 2011, S. 28, 88.

[15] Vgl. Symington 1998, S. 18; Miller 1982, S. 31.

[16] Vgl. Symington 1998, S. 11.

[17] Vgl. Ruppert, Franz: *Trauma, Angst & Liebe. Unterwegs zu gesunder Eigenständigkeit. Wie Aufstellungen dabei helfen.* 5. Auflage. Kösel-Verlag, München, 2012, S. 95.

[18] Symington 1998, etwa S. 36, 39–41.

[19] Röhr, Heinz-Peter: *Narzißmus. Das innere Gefängnis* (2005). DTV, München, 2010.

[20] Symington 1998, S. 91.

[21] Symington 1998, S. 46.

[22] Vgl. hierzu auch Dieckmann 2011, S. 86, 110.

[23] Symington 1998, S. 89.

[24] King 1983, S. 282.

[25] Vgl. Dieckmann 2011, S. 75, 91; Sachse 2004, S. 32–33.

[26] Vgl. Sachse 2004, S. 33.

[27] Magistrale 2010, S. 64.

[28] Vgl. Dieckmann 2011, S. 90–91.

[29] Vgl. Symington 1998, S. 18; Dieckmann 2011, S. 75.

[30] Vgl. Dieckmann 2011, S. 93.

[31] Vgl. Miller 1982, S. 31; Dieckmann 2011, S. 75.

[32] Vgl. Symington 1998, S. 54.

[33] King, Stephen: *Hope Springs Eternal. Rita Hayworth and*

188

Shawshank Redemption. In: *Different Seasons*. Signet, New York, 1982b, S. 79.

[34] King, Stephen: *Carrie* (1974). Simon & Schuster, New York, 1999, S. 13–14.

[35] King 1999, S. 15.

[36] King 1999, S. 98.

[37] King 1999, S. 101.

[38] Vgl. Winter 1984, S. 96, 98.

[39] King 1982a, S. 45.

[40] King 1982a, S. 61.

[41] King 1982a, S. 41.

[42] Miller 1982, S. 164.

[43] King 1982a, S. 50–51.

[44] Miller 1982, S.164 (Hervorh. i. O.); vgl. außerdem Dieckmann 2011, S. 102–103.

[45] King 1982a, S. 202.

[46] King 1982a, S. 202.

[47] Vgl. Symington 1998, S. 116; Dieckmann 2011, S. 107.

[48] King 1982a, S. 202 (meine Hervorh.).

[49] King, Stephen: *The Stand* (1990). Signet, New York, 1991, S. 554.

[50] King 1991, S. 726.

[51] King 1991, S. 561 (Hervorh. i. O.).

[52] King 1991, S. 562.

[53] King 1991, S. 671 (Hervorh. i. O.).

[54] King 1991, S. 672 (Hervorh. i. O.).

[55] King 1991, S. 670.

[56] Bosky 1987, S. 242.

[57] King 1991, S. 671 (Hervorh. i. O.).

[58] King 1991, S. 671.

[59] Malin 1968, S. 161.

[60] Miller 1982, S. 163; Dieckmann 2011, S. 110.

[61] Vgl. Symington 1998, S. 24.

[62] Vgl. Dieckmann 2011, S. 37; Sachse 2004, S. 30.

[63] Magistrale 1992, S. 22.

Narzissmus ist keine Erfindung der Postmoderne. Seine (umstrittene) Bedeutung als gesellschaftliches Paradigma mag jedoch darin begründet liegen, dass die Charakteristika dieser Epoche ihm zuspielen. Letztlich kann hier kaum festgestellt werden, was Ursache und was Wirkung sein mag, sondern lediglich, dass beide Phänomene einander wechselseitig zu bedingen scheinen.

In den USA wird der Begriff zu Pop-Diagnose und Gemeinplatz für negatives Verhalten. Die tatsächlich dahinterstehende Konzeption zu eruieren und seine Verknüpfung mit dem zeitgenössischen Horror herauszuarbeiten sowie in Zusammenhang zu setzen mit Stephen Kings Schreiben, ist Gegenstand dieses Texts.

Kings Geschichten sind, mit literarischem Duktus durchsetzt, zugänglich erzählt. Inhalte, deren Komplexität in der vorangegangenen Analyse herausgearbeitet wurde, lassen sich beim Lesen der Texte selbst unmittelbar und ohne bewusste Reflexion aufnehmen.

Seine Prosa insgesamt kann als vermittelndes Prinzip gesehen werden, konkret wie abstrakt.

Eine der offensichtlicheren Syntheseleistungen ist die Verbindung von Populär- und Hochliteratur. Was ihm von den einen den Vorwurf der Mittelmäßigkeit einbringt, wird von anderen als Leistung geschätzt – wie Joachim Körber es formuliert: „Er vermittelt Wahrheiten, die ansonsten der sogenannten ‚Hochliteratur' vorbehalten sind, im spannenden Gewand der Unterhaltungsliteratur – und damit bietet er das Beste beider Gattungen in einem."[1] Burton Hatlen sieht in seiner „Mischung aus schonungslosem Sozialrealismus und übernatürlichem Horror [...] seinen einzigartigen Beitrag zur amerikanischen Prosa"[2].

So enthalten Kings Szenarien durch realistische Beschreibung gesellschaftlicher Verhältnisse ebenso Kritik an diesen wie am Verhalten der Einzelnen; die Wechselwirkung zwischen beidem webt er so unaufdringlich wie offensichtlich in die Handlung mit ein.

Den auf diesem Weg dargelegten Missständen stellt er idealistisch geprägte, jedoch immer noch praktikable Lösungswege gegenüber, mit Fokus auf das Potenzial des Individuums. Hierdurch setzt er seinen Akzent, anders als in klassischen Utopien, nicht auf die Gesellschaft, sondern auf die Person, auf die Veränderung von innen, zu der sich jede/r entscheiden kann, die dadurch tatsächlich möglich wird und auf diesem Weg Veränderung bringen kann.

Stephen King macht seine tiefen Einsichten in das Menschsein in Form zugänglicher Prosa nachvollziehbar und zeigt es so ungeschminkt wie voller Verständnis als das, was es ist.

Die Texte bewegen sich dabei längst nicht nur zwischen den Paradigmen von *Gothic* und Horror.

Allerdings bedienen diese Genres die literarische Umsetzung der von ihm besonders thematisierten Ideen – so ist die *Gothic*-Fiktion in ihrer immanenten Ambivalenz vielleicht optimal geeignet für die Darstellung von Vorgängen, in denen sich die innere Spaltung, Zerrissenheit und Paradoxie der Charaktere spiegelt – Merkmale ebenfalls grundlegend für Narzissmus.

Die immer wieder inszenierte Reflexion von Beweggründen in Verbindung mit mehrperspektivischem, multidimensionalem Ansatz und der Uneindeutigkeit der *Gothic*-Fiktion setzen einen Kontrapunkt zur starren Fixierung auf die eigene Auslegung der Wahrheit im Narzissmus; dabei werden konkrete Schilderungen verflochten mit Spiegelungen der jeweiligen Dynamik auch auf abstrakter Ebene. Die zugrunde liegende innere Verfasstheit wird zunächst sichtbar und dann dadurch bewusst gemacht, die angestrebte Deutungshoheit der narzisstischen Monomanie unterwandert unter Einbeziehung der ihr entgegengesetzten Aspekte von Kommunikation, Synthese und Mehrdeutigkeit.

Auch die dem Horrorgenre von King zugesprochenen Merkmale Empathie und ‚Magie' stehen den pathologischen Eigenschaften von Narzissmus entgegen mit dem ihnen gemeinsamen Merkmal der Offenheit für das andere.

Damit zeigt er vor allem auf der Ebene der Figuren selbst diesen – und damit auch seinem Publikum – zugleich auch den Weg aus dem Horror heraus. Teils im Rahmen ihrer übernatürlichen Fähigkeiten, oft genug jedoch nur kraft ihrer charakterlichen Stärke, ruft er damit seinen erwachsenen Leser/inne/n ebenso wie den jugendlichen nicht zuletzt auch die Macht der klassischen Märchen in moderner Form in Erinnerung[3], mit deren Hilfe sie sich den Dämonen ihres Alltags besser stellen können, wenn auch zunächst vielleicht nur in der Phantasie:

„Weil sie das Böse kannten, weil sie es nicht verkleinerten und beschönigten, und weil sie dennoch Kräfte dagegen zu setzen wußten, die stärker waren als das Böse."[4]

Figuren bei allen Verfehlungen letzten Endes als Role-Model zu zeigen, wenn sie sich heldenhaft für andere einsetzen, mag in der amerikanischen Popkultur kein Alleinstellungsmerkmal sein. Dies im Kontext des Horrorgenres als Gegenpol zum pathologischen Narzissmus zu tun, ist Kings individueller Beitrag.

Seine Definition des Bösen deckt sich, bewusst oder nicht, strukturell mit Merkmalen von Narzissmus.

Für ihn entspricht dem Bösen – *evil* –, was sich gegen individuelles Potenzial richtet. Er sieht es als inwendig leer und monoton in seinem Dasein von Wesenslosigkeit, Banalität und Wiederholung[5].

Diese Eigenschaften mit Narzissmus zu vergleichen, ließe an die innere Leere denken, die entsteht, wenn die eigene Persönlichkeit nicht angemessen entwickelt wurde und dafür ein Leben geführt wird, das ausgerichtet ist auf Oberflächenwirkung. Hierdurch ist echter Austausch kaum möglich, sodass mit anderen nicht authentisch, sondern lediglich ritualisiert umgegangen werden kann, wodurch wiederum keine Entwicklung erfolgt – Wesenslosigkeit, Banalität und Wiederholung.

Narzisstisches Verhalten seiner Figuren als negativ und mit den entsprechenden Auswirkungen deutlich zu machen, kann als kulturelle Arbeit im Sinne Jane Tomkins' gesehen werden, wenn das Zerstörerische daran als verbreiteter Missstand ins Bewusstsein gerufen wird.

Denn zudem stellt seine Prosa nicht nur eine Demaskierung der narzisstischen Pathologie dar – auch eine literarische Inszenierung der funktionierenden Regulierung zwischen Eigenem und Anderen als Gegenentwurf hierzu bestimmt sein Schreiben:

Wie gezeigt beruht jenes auf Synthese und Harmonisierung, Ausgleich und Verbindung von Gegensätzlichem[6], dem narzisstisch Trennenden und Expandierenden konzeptionell entgegengesetzt.

Während diese Inhalte im vorliegenden Text komprimiert, abstrakt und analysierend abgebildet wurden, was gedanklich nachvollzogen werden muss, sind sie in Kings literarischen Bildern unmittelbar emotional erfahrbar und erreichen dadurch die Wahrnehmung der Leser/innen direkt.

Dass in den USA Narzissmus als Generalvorwurf durch so verschiedene Diskurse wie die von Popkultur, Politik, Journalismus oder psychologischer Fach- und Ratgeberliteratur geistert, bedeutet keine tatsächliche Auseinandersetzung, weder auf gesellschaftlicher Ebene noch auf persönlicher.

Ohnehin kann diese Persönlichkeitsstruktur, oder deren destruktive Ausprägung, nicht Erklärung sein für alles, was in einer Gesellschaft als problematisch angesehen wird, wie Christopher Lasch und andere es suggerieren. Dennoch hat jeder Mensch eine Psyche, die anfällig ist für (eine begrenzte Zahl an) Störungen, und eine darunter ist die der narzisstischen Persönlichkeit.

Irving Malin verwendet nicht umsonst den Begriff des Teufelskreises. Narzisstische Eltern behandeln ihre Kinder der eigenen Konstitution folgend, und jene werden wiederum mit ihren Kindern ebenso umgehen, solange der Kreis nicht durchbrochen wird. Bei einer ausreichenden Verbreitung derart geprägter Individuen ist durchaus denkbar, dass auf diesem Wege eine entsprechende Makrostruktur entsteht, die wiederum den Ausgang aus persönlichem Narzissmus, selbst bei vorhandenem Impuls, zusätzlich erschweren würde.

Eine narzisstisch ausgerichtete Gesellschaft, so sie denn existiere, würde sich damit selbst reproduzieren, indem sie strukturell ihre Mitglieder konditioniert durch ein Belohnungssystem, das Leistung um jeden Preis begünstigt, Rücksichtslosigkeit, übersteigerten Individualismus, Fixierung auf die Oberfläche.

Ebendiese Eigenschaften jedoch sind durch die umfassenden Veränderungen der Lebenswelt im Rahmen von Globalisierung, Digitalisierung und Kapitalismus vor allem verknüpft mit den Voraussetzungen für das eigene (materielle) Vorankommen.

Im Negativen kann diese Welt der unbegrenzten Möglichkeiten erdrückend wirken in ihrer Anforderung, sich permanent entscheiden zu können und zu müssen; im Positiven eröffnet sich infolge des Aufbrechens fester Strukturen jedoch auch ein freiheitliches Potenzial.

Vergleichbar lässt sich mit dem Begriff der ‚narzisstischen Regulation' Narzissmus im Sinne einer weiter gefassten Konzeption weder negativ noch positiv, sondern vielmehr als Herausforderung sehen, ein Gleichgewicht herzustellen zwischen Gefühlen autarken Selbstwerts, der Stimmigkeit eigenen Handelns und Fühlens auf der einen und dem Akzeptieren des Außen als anders, aber gleichberechtigt auf der anderen Seite. Die entsprechende Balance zwischen beidem ist notwendig für ein stabiles und möglichst realistisches Bewusstsein der Identität – das Gegenüber wird in seiner Eigenheit akzeptiert, seine Resonanz bezüglich der Selbstwahrnehmung angenommen und in diese integriert, ohne dass der eigene Punkt hierfür aufgegeben werden muss.

Das andere als anders anzunehmen, mit ihm im Austausch zu stehen, voneinander zu profitieren und doch sich selbst zu bleiben, ohne kompromisslos auf dem eigenen Standpunkt zu beharren, sind Fähigkeiten, die im zwischenmenschlichen Umgang auf jeder Ebene von Beziehung Voraussetzung sind. Im Kontext einer Gruppe, oder Gesellschaft, liegt die Anforderung darin, sich in ein Kollektiv einzufügen, ohne in diesem aufzugehen und sich selbst dabei zu verlieren.

Anteilnehmend sich hineinversetzen in die Perspektive des Außen ist hierbei essenziell. Die damit verbundene Erkenntnis, dass mehrere, letztlich zahllose verschiedene Wahrheiten gleichberechtigt existieren, relativiert das Bewusstsein der eigenen Wichtigkeit in dem Sinne, dass jeder Mensch eine/r von vielen und nicht Mittelpunkt des Universums ist, und dennoch so bedeutend in seiner/ihrer Einzigartigkeit wie jede/r andere.

Diese Anschauung ist es, die Stephen King so selbsterklärend wie unaufdringlich in seine Romanhandlungen einfließen lässt, vergleichbar zurückhaltend eine spirituelle ebenso wie politische Dimension miteinbringend.

King erzeugt durch die von ihm transportierten Inhalte in Verbindung mit seiner erzählerischen Herangehensweise nicht zuletzt eine indirekte Konfrontation mit der narzisstischen Problematik.

Er zeigt Wege auf, die jeder Person offenstehen, um den Kreislauf der dysfunktionalen Beziehung zu überwinden. Es handelt sich um so scheinbar banale Prozesse wie Selbstreflexion und den Umgang mit anderen Menschen, mit sich selbst, der eigenen Umwelt, mit Liebe, die jedoch tief an die Problematik von Narzissmus rühren – Isolation und Abgeschnittenheit von den eigenen Emotionen, von den anderen.

Das mit Lovecraft beschriebene Gefühl, außenzustehen, Isolation und Nichtigkeit in Anbetracht der Weite des Alls zu empfinden, muss nicht zwingend aus dem Erfassen vermeintlicher individueller Unbedeutsamkeit angesichts der Unermesslichkeit von Realität stammen. Es kann sich leicht um eine Projektion aus eigenem Trauma heraus handeln (was niemand bestreiten würde, der oder die mit Lovecrafts Biografie vertraut ist).

So spürt David Carver in Kings *DESPERATION*, anstatt sich im Erahnen der Weite und Unbegreiflichkeit des Alls allein, außenstehend und machtlos zu fühlen, sich vielmehr als Teil des Universums in dem Moment, in welchem er dessen Unendlichkeit erahnt:

„Die einfache, offen daliegende Anmut des Tages überwältigte ihn, und für einen Moment nahm er sich selbst sehr bewusst wahr als ein Teil von etwas Ganzem – eine Zelle auf der lebenden Haut der Welt."[7]

Auch wenn es sich bei ihm um den Ausdruck eines religiösen Gefühls handelt, muss so zu empfinden nicht an Religion gebunden sein.

Tatsächlich entspricht seine emotionale Fähigkeit, mit der ihn umgebenden Welt in Verbindung stehend sich zugleich als autark wahrzunehmen, dem Gegenteil destruktiv narzisstischer Selbstzentrierung in Abschottung von sich selbst und dem anderen.

Stephen Kings Moralvorstellungen, teils geeignet, ihm den Vorwurf der Rückwärtsgewandtheit einzubringen, gewinnen in Zusammenhang mit den Paradigmen von Narzissmus eine neue Bedeutung. In *DANSE MACABRE* fasst er sie unter anderem so zusammen: „Moral" ist für King, was das „Herz als wahr" und gleichzeitig als „Anforderung eines Lebens gelebt unter anderen begreift"[8].

Die Wahrheit des eigenen Herzens zu kennen, ist Herausforderung per se für den an seine Oberfläche gefesselten Narziss. Vergleichbar sind auch Anforderungen eines Lebens unter anderen für ihn kaum erfüllbar, diese setzen die Fähigkeit zu echtem Mitfühlen, konstruktiver, Beziehung herstellender Kommunikation und dazu, sich selbst in angemessenem Rahmen zurücknehmen zu können, voraus.

Kings Antwort auf die stets lauernden, scheinbar übermächtigen Bedrohungen einer unüberschaubar gewordenen Welt liegt darin, dass Rettung nur in sich selbst gefunden werden kann. Das bedeutet immerhin eine, wenn auch relative, Unabhängigkeit von der alles bestimmenden Struktur und ist damit letztlich Freiheit – so man sie sich nimmt.

Auch wenn dies zunächst wiederum an (narzisstische) Selbstfokussierung gemahnen mag, beruht das Besinnen auf das eigene Potenzial bei King stets auf Autarkie, nicht Abschottung, geht zusammen mit dem Verlassen des

‚inneren Gefängnisses', zielt darauf, sich in konstruktiven Austausch mit dem eigenen Umfeld zu versetzen, für Impulse offen zu sein, um sich weiterzuentwickeln, ohne sich vereinnahmen zu lassen, und in Zusammenarbeit mit den anderen die Bedrohung zu besiegen.

Im Verlauf von Kings Geschichten wird offensichtlich, dass nur dort die Existenz des Bösen am wirksamsten bekämpft werden kann – in den Tiefen des eigenen Innern. Und dass jede/r, aus Bekenntnis zum Guten, die Verantwortung gegenüber der Allgemeinheit hat, dies auch zu tun.

Stephen Kings „altmodische" Werte – Liebe, Kommunikation, Empathie, Einstehen für andere – sind der Gegenpol zu narzisstisch Trennendem, Abgrenzung und Ignoranz.

Das macht ihn zum Chronisten seiner Zeit auf einer viel tieferen Ebene, als es das Erwähnen von Markennamen und amtierenden Präsidenten vermuten ließe.

Sein Schreiben ist ein Plädoyer, die ‚kleinen Dinge' zu schätzen, die Unersetzbarkeit der besten Freunde, der geliebten Personen.

Er ermutigt dazu, sich dem Unrecht entgegenzustellen, dabei an sich zu glauben, an das, was der eigenen inneren Wahrheit entspricht, und zugleich sich selbst in kosmischer Einheit mit dem Universum zu spüren – mit einem Wort: an ‚Magie'.

[1] Körber 1989, S. 498–499.

[2] Hatlen 1992, S. 20.

[3] Vgl. Strengell 2007, S. 257; Magistrale 1992, S. 37.

[4] Riedel, Ingrid: *Vorwort*. In: Jacoby, Mario; Kast, Verena;
Riedel, Ingrid: *Das Böse im Märchen* (1978). 6. Auflage. Psychologisch gesehen 33. Bonz, Fellbach, 1990, S. 7.

[5] King, in: Underwood/Miller (Hg.) 1990, S. 155;
King, in: Underwood/Miller (Hg.) 1992, S. 95.

[6] Vgl. Casebeer 2004, S. 94.

[7] King 1997, S. 138.

[8] King 1983, S. 403.

Literatur

Monografien zu Stephen King

Badley, Linda: *Writing Horror and the Body. The Fiction of Stephen King, Clive Barker, and Anne Rice.* Greenwood Press, Westport / CT, 1996.

Beahm, George: *The Stephen King Companion. Four Decades of Fear from the Master of Horror.* Thomas Dunne Books / St. Martin's Griffin, New York, 2015.

Davis, Jonathan P.: *Stephen King's America.* Bowling Green State University Popular Press, Bowling Green / OH, 1994.

Magistrale, Tony:
- *America's Storyteller.* Praeger, Santa Barbara, 2010.
- *Stephen King: The Second Decade, Danse Macabre to The Dark Half.* Twayne, New York, 1992.

Paquette, Jenifer: *Respecting* The Stand. *A Critical Analysis of Stephen King's Apocalyptic Novel.* McFarland & Company, Jefferson, 2012.

Russell, Sharon: *Revisiting Stephen King: A Critical Companion.* Greenwood Press, Westport / CT, 2002.

Strengell, Heidi: *Monsters Live in Ordinary People* (2005). Gerald Duckwort & Co. Ltd., London, 2007.

Winter, Douglas: *The Art of Darkness.* New American Library, New York, 1984.

Weitere Monografien

Bauer, Joachim: *Warum ich fühle, was du fühlst. Intuitive Kommunikation und das Geheimnis der Spiegelneurone* (2005). Hoffmann und Campe, Hamburg, 2006.

Dieckmann, Eva: *Die Narzisstische Persönlichkeitsstörung mit Schematherapie behandeln.* Klett-Cotta, Stuttgart, 2011.

Dombeck, Kristin: *The Selfishness of Others. An Essay on the Fear of Narcissism.* Farrar, Straus and Giroux, New York, 2016.

Eickelpasch, Rolf; **Rademacher**, Claudia: *Identität* (2004). 4., unveränderte Auflage. transcript, Bielefeld, 2013.

Lloyd Smith, Allan: *American Gothic Fiction: An Introduction.* The Continuum International Publishing Group Inc, New York, 2004.

Lunbeck, Elizabeth: *The Americanization of Narcissism.* Harvard University Press, Cambridge / MA, 2014.

Maaz, Hans-Joachim: *Die narzisstische Gesellschaft. Ein Psychogramm.* Beck, München, 2012.

Malin, Irving: *New American Gothic* (1962). 3. Auflage. Southern Illinois University Press, Carbondale and Edwardville, 1968.

Miller, Alice: *Das Drama des begabten Kindes und die Suche nach dem wahren Selbst* (1979). Suhrkamp, Frankfurt a. M., 1982.

Monnet, Agnieszka Soltysik: *The Poetics and Politics of the American Gothic. Gender and Slavery in Nineteenth-Century American Literature.*

Ashgate Publishing Limited, Farnham, 2010.

Murphy, Bernice M.: *The Suburban Gothic in American Popular Culture*. Palgrave Macmillan, New York, 2009.

Röhr, Heinz-Peter: *Narzißmus. Das innere Gefängnis* (2005). DTV, München, 2010.

Ruppert, Franz:
- *Trauma, Angst & Liebe. Unterwegs zu gesunder Eigenständigkeit. Wie Aufstellungen dabei helfen.* 5. Auflage. Kösel-Verlag, München, 2012.
- *Symbiose und Autonomie. Symbiose-trauma und Liebe jenseits von Verstrickungen* (2010). Klett-Cotta, Stuttgart, 2015.

Sachse, Rainer: *Persönlichkeitsstörungen. Leitfaden für die Psychologische Psychotherapie*. Hogrefe, Göttingen, 2004.

Seeßlen, Georg; **Jung**, Fernand: *Horror. Geschichte und Mythologie des Horrorfilms*. Schüren, Marburg, 2006.

Seeßlen, Georg: *George A. Romero und seine Filme*. kuk / Edition Phantasia, Bellheim, 2010.

Symington, Neville: *Narcissism. A New Theory* (1993). Karnac Books, London, 1998.

Tompkins, Jane: *Sensational Designs. The Cultural Work of American Fiction 1790–1860* (1985). Oxford University Press, New York, 1986.

Tudor, Andrew: *Monsters and Mad Scientists. A Cultural History of the Horror Movie* (1989). Blackwell, Cambridge / MA, 1991.

Zaretsky, Eli: *Secrets of the Soul. A Social and Cultural History of Psychoanalysis*. Vintage Books, New York, 2004.

Sammelbände zu Stephen King

Bishop, Jim (Hg.): *Stephen King. Hearts in Suspension.* University of Maine Press, Orono, 2016.

Bloom, Harold (Hg.):
- *Bloom's Modern Critical Views: Stephen King, Updated Edition.* Chelsea House, New York, 2007.
- *Bloom's Bio Critiques: Stephen King.* Chelsea House, Philadelphia, 2002.

Coddon, Karin: *Readings on Stephen King.* Greenhaven Press, Farmington Hills / MI, 2004.

Herron, Don (Hg.): *Reign of Fear. The Fiction and the Films of Stephen King* (1988). Underwood-Miller, Lancaster / PA, 1992.

Hoppenstand, Gary; **Browne**, Ray B. (Hg.): *The Gothic World of Stephen King. Landscape of Nightmares.* Bowling Green State University Popular Press, Bowling Green / OH, 1987.

Körber, Joachim: *Das Stephen King Buch.* Heyne, München, 1989.

Lant, Kathleen Margaret; **Thompson**, Theresa (Hg.): *Imagining the Worst. Stephen King and the Representation of Women.* Greenwood Press, London, 1998.

McAleer, Patrick; **Perry**, Michael A. (Hg.): *Stephen King's Modern Macabre. Essays on the Later Works.* McFarland & Company, Inc., Publishers, Jefferson / NC, 2014.

Simpson, Philip L.; **McAleer**, Patrick (Hg.): *Stephen King's Contemporary Classics. Reflections on the Modern Master of Horror.* Rowman & Littlefield,

Lanham / Maryland, 2015.

Underwood, Tim; **Miller**, Chuck (Hg.):

- *Bare Bones. Conversations on Terror with Stephen King* (1988). Hodder & Stoughton, London, 1990.
- *Feast of Fear. Conversations with Stephen King* (1989). Carroll & Graf Publishers, Inc., New York, 1992.
- *Fear Itself. The Horror Fiction of Stephen King* (1982). New American Library, New York / Scarborough, Ontario; 1984.
- *Kingdom of Fear* (1986). New English Library, London, 1987.

Weitere Sammelbände

Ahmad, Aalya; **Moreland**, Sean (Hg.): *Fear and Learning. Essays on the Padagogy of Horror*. McFarland & Company, Inc., Publishers, Jefferson / NC, 2013.

Bloom, Clive (Hg.): *Gothic Horror. A Reader's Guide from Poe to King and Beyond*. Macmillan Press LTD, London, 1998.

Crow, Charles L.: *Preface*. In: **Ders.** (Hg.): *A Companion to American Gothic*. John Wiley & Sons, Ltd., Malden / MA, 2014.

Docherty, Brian (Hg.): *American Horror Fiction. From Brockden Brown to Stephen King*. St. Martin's Press, New York, 1990.

Focke, Ingo; **Horn**, Elke; **Pohlmann**, Werner (Hg.):

Erregter Stillstand. Narzissmus zwischen Wahn und Wirklichkeit. Klett-Cotta, Stuttgart, 2016.

Heller, Tamar; **Long Hoeveler**, Diane (Hg.): *Approaches to Teaching Gothic Fiction. The British and American Traditions.* New York, The Modern Language Association of America, 2003.

Hogle, Jerrold E. (Hg.): *The Cambridge Companion to Gothic Fiction.* Cambridge University Press, Cambridge, 2002.

Jacoby, Mario; **Kast**, Verena; **Riedel**, Ingrid: *Das Böse im Märchen* (1978). 6. Auflage. Psychologisch gesehen 33. Bonz, Fellbach, 1990.

Punter, David (Hg.): *A New Companion to the Gothic.* Blackwell Publishing Ltd., Chichester, 2012.

Tompkins, Jane (Hg.): *Reader-Response Criticism.* The Johns Hopkins University Press, Baltimore / Maryland, 1980.

Aufsätze zu Stephen King

Beahm, George: *Stephen King: Celebrity Writer or Modern Master?* In: **Coddon** 2004.

Bosky, Bernadette Lynn: *The Mind's a Monkey: Character and Psychology in Stephen King's Recent Fiction.* In: **Underwood/Miller** (Hg.) 1987.

Casebeer, Edwin F.: *The Art of Balance in King's Novels.* In: **Coddon** 2004.

Dath, Dietmar, in Schnellbach, Gerald: Interview mit Dietmar Dath, 21.09.2009.
https://www.stephen-king.de/div-interviews/
interviews-mit-autoren/83-dietmar-dath.html.

[Zugriff: 07.12.2024]

Dyson, Cindy: *Biography of Stephen King*. In: **Bloom**, Harold (Hg.) 2002.

Egan, James: *Stephen King's Gothic Melodrama*. In: Coddon 2004, S. 111.

Etchison, Dennis: *Foreword*. In: **Herron** (Hg.) 1992.

Fletcher, Jo and **King**, Stephen: *Interview*. In: **Herron** (Hg.) 1992.

Hanson, Clare: *Stephen King: Powers of Horror*. In: **Docherty** (Hg.) 1990.

Hatlen, Burton: *Stephen King and the American Dream: Alienation, Competition, and Community in RAGE and THE LONG WALK*. In: **Herron** (Hg.) 1992.

Hoppenstand, Gary; **Browne**, Ray B.: *The Horror of It All: Stephen King and the Landscape of the American Nightmare*. In: **Dies**. (Hg.) 1987.

Indick, Ben P.: *King and the Literary Tradition of Horror and the Supernatural*. In: **Underwood/Miller** (Hg.) 1984.

Jenkins, Jennifer: *Fantasy in Fiction. The Double-Edged Sword*. In: **McAleer/Perry** (Hg.) 2014.

Keesey, Douglas: *"The Face of Mr. Flip": Homophobia in the Horror of Stephen King* (1992). In: **Bloom**, Harold (Hg.) 2007.

Körber, Joachim: *Notizen aus der toten Zone: Die Romane von Stephen King*. In: **Ders**. (Hg.) 1989.

Magistrale, Tony: *Toward Defining an American Gothic: Stephen King and the Romance Tradition*. In: **Bloom**, Harold (Hg.) 2002.

Monteleone, Thomas F.: *King's Characters: The Main(e) Heat*. In: **Underwood/Miller** (Hg.)

1987.

Nolan, William F.: *The Good Fabric: of Night Shifts and Skeleton Crews*. In: **Underwood/Miller** (Hg.) 1987.

Perry, Michael: *How to Draw a King:* Duma Key*, Blues, Literary Modernism, and the Artist*. In: **Simpson/McAleer** (Hg.) 2015.

Senf, Carol: Gerald's Game *and* Dolores Claiborne: *Stephen King and the Evolution of an Authentic Female Narrative Voice*. In: **Lant/Thompson** (Hg.) 1998.

Smith, Guy N.: *Snowbound in the Overlook Hotel*. In: **Herron** (Hg.) 1992.

Tessier, Thomas: *The Big Producer*. In: **Herron** (Hg.) 1992.

Thoens, Karen: *It, a Sexual Fantasy*. In: **Lant/Thompson** (Hg.) 1998.

Winter, Douglas E.: *Talking Terror: Interview with Stephen King*. The Twilight Zone Magazine, V, February 1986.

Woods, Scott: Stephen King's Magical Negro Problem Isn't Magical, 09.01.2015, [online] https://scottwoodsmakeslists.wordpress.com/2015/01/09/stephen-kings-magical-negro-problem-isnt-magical/comment-page-1/ [Zugriff: 07.12.2024]

Yarbro, Chelsea Quinn: *Cinderella's Revenge – Twists on Fairy Tale and Mythic Themes in the Work of Stephen King*. In: **Underwood/Miller** (Hg.) 1984.

Weitere Aufsätze

Bloom, Clive:
- *Horror Fiction: In Search of a Definition.*
  In: **Punter** (Hg.) 2012.
- *Introduction: Death's Own Backyard.*
  In: **Bloom**, Clive (Hg.) 1998.

Clery, E. J.: *The Genesis of "Gothic" Fiction.*
  In: **Hogle** (Hg.) 2002.

Crow, Charles L.: *Preface.* In: **Ders.** (Hg.) 2014.

Hogle, Jerrold E.: *Introduction.* In: **Ders.** (Hg.) 2002.

Martin, John Edward: *Skin and Bones: The Horror of the Real.* In: **Ahmad/Moreland** (Hg.) 2013.

Riedel, Ingrid: *Vorwort.* In: **Jacoby/Kast/Riedel** 1990.

Tyler, Imogen: *From 'The Me Decade' to 'The Me Millennium': The cultural history of narcissism.*
  In: International Journal of Cultural Studies, Vol. 10, No. 3, 01.09.2007, S. 343–363.

Williams, Anne: *The Horrors of Misogyny: Feminist Psychoanalysis in the Gothic Classroom.*
  In: **Heller/Long Hoeveler** (Hg.) 2003.

Sekundärzitate

Christian, Barbara: *Trajectories of Self-Definition: Placing Contemporary Afro-American Women's Fiction.* In: **Pryse**, Marjorie; **Spillers**, Hortense (Hg.): *Conjuring: Black Women, Fiction, and Literary Tradition.* Bloomington: Indiana University Press, 1985, S. 247. Zit. in: Perry 2015, S. 141.

Hutchison, Fred: *Narcissism and the Culture War*, in:

211

Renew America, 08.02.2004, [online]
https://web.archive.org/web/20120126153930/htt
p://www.renewamerica.com:80/columns/hutchiso
n/040208 [Zugriff: 07.12.2024]. Zit. in: Tyler
2007, S. 357.

Lasch, Christopher: *The Culture of Narcissism.*
Abacus, London, 1982. Verw. in: Tyler 2007.

Lovecraft, H. P.; hg. v. **Joshi**, S. T.: *The Annotated
Supernatural Horror in Literature.* Hippocampus
Press, New York, 2000.

Parks, John G.: Waiting for the end: Shirley Jackson's
The Sundial. Critique, Vol. XIX, No. 3, 1978.
Zit. in: King 1983, S. 282.

Paul, Annie Murphy: *Your Brain on Fiction*, in: The New
York Times, 17.03.2012, [online]
https://www.thc.texas.gov/public/upload/publicati
ons/The%20Neuroscience%20of%20Your%20Br
ain%20on%20Fiction.pdf [Zugriff: 07.12.2024].
Zit. in: Jenkins 2014, S. 14.

Stephen King

Sachtexte

- *Five to One, One in Five.* In: **Bishop** (Hg.) 2016.
- *Four Past Midnight. Straight Up Midnight:
An Introductory Note.* Hodder & Stoughton, Lon-
don, 1990b.
- *Full Dark, No Stars. Afterword.* Hodder &
Stoughton, London, 2010c.

- *Night Shift* (1978). *Foreword.* 22. Auflage. New English Library: Hodder & Stoughton, London, 1992.
- *On Becoming a Brandname.* In: **Underwood/Miller** (Hg.) 1984.
- *On Writing* (2000). Simon & Schuster, New York, 2010b.
- *Stephen King's Danse Macabre* (1981). Berkley Books, New York, 1983.
- *The Gunslinger. The Dark Tower I* (1982). *Foreword.* Überarbeitete und erweiterte Ausgabe. Signet, New York, 2003.
- *The Horror Writer and the Ten Bears.* In: **Underwood/Miller** (Hg.) 1987.
- *What's Scary: A Forenote to Danse Macabre, 2010 Edition.* Gallery Books, New York, 2010a.
- *Recipient of the National Book Foundation's Medal for DISTINGUISHED CONTRIBUTION TO AMERICAN LETTERS AWARD*, 10.12.2003. https://www.nationalbook.org/stephen-king-accepts-the-2003-medal-for-distinguished-contribution-to-american-letters/ [Zugriff: 07.12.2024]

Fiktion

- *Carrie* (1974). Simon & Schuster, New York, 1999.
- *Cujo* (1981). Signet, New York, 1982a.
- *Desperation* (1996). Signet, New York, 1997.
- *Joyland.* Titan Books, London, 2013.

- *Hope Springs Eternal. Rita Hayworth and Shawshank Redemption.*
  In: *Different Seasons.* Signet, New York, 1982b.
- *If It Bleeds.* In: *If It Bleeds* (2020). Scribner Export Edition, New York, 2021.
- *Misery* (1987). Hodder & Stoughton, London, 2011.
- *Mr. Mercedes.* Scribner, New York, 2014a.
- *Revival.* Hodder & Stoughton, London, 2014b.
- *The Eyes of the Dragon* (1987). Signet, New York, 1988.
- *The Institute.* Hodder & Stoughton, London, 2019b.
- *The Outsider* (2018). Scribner, New York. First Export Edition, 2019a.
- *The Stand* (1990). Signet, New York, 1991.

Weiterführende Literatur

Hatlen, Burton: *Beyond the Kittery Bridge: Stephen King's Maine.* In: **Underwood/Miller** (Hg.) 1984.

Herron, Don: *The Good, the Bad, and the Academic.* In: **Underwood/Miller** (Hg.) 1987.

Hutchings, Peter: *Tearing Your Soul Apart: Horror's New Monsters.* In: **Sage**, Victor; **Lloyd Smith**, Allan (Hg.): *Modern Gothic. A Reader.* Manchester University Press, Manchester and New York,

1996.

LaBrie, Aimee: *Stephen King: Exorcising the Demons.*
In: **Bloom**, Harold (Hg.) 2002.

Senf, Carol A.: *Donna Trenton: A Modern American
Heroine.* In: Coddon (Hg.) 2004.

Simpson, Philip L.: *Stephen King's Critical Reception.*
In: **Hoppenstand** (Hg.) 2011.

Insa Lang (Jg. 1980) hat in Bremen Kulturgeschichte Ost-
europas, Neuere Geschichte und Hispanistik studiert.

Seitdem lebt sie, nahe der alten Heimat, in Hildesheim
und arbeitet dort freiberuflich im Bereich Korrekturlesen /
Lektorat. Das private Interesse für Literatur, Popkultur
und die Abgründe der Psyche hat sich parallel zu einem
Sachbuch zu Stephen King verdichtet.